퍼펙트 러시아어 필수단어

퍼펙트 러시아어 필수단어

초판 1쇄 발행 2018년 2월 19일
초판 10쇄 발행 2025년 6월 15일

지은이 시원스쿨러시아어연구소
펴낸곳 (주)에스제이더블유인터내셔널
펴낸이 양홍걸 이시원

홈페이지 www.siwonschool.com
주소 서울시 영등포구 영신로 166 시원스쿨
교재 구입 문의 02)2014-8151
고객센터 02)6409-0878

ISBN 979-11-6150-107-9
Number 1-541111-25253100-02

이 책은 저작권법에 따라 보호받는 저작물이므로 무단복제와 무단전재를 금합니다. 이 책 내용의 전부 또는 일부를 이용하려면 반드시 저작권자와 ㈜에스제이더블유인터내셔널의 서면 동의를 받아야 합니다.

왕초보부터 토르플 기초·기본까지 한번에!

퍼펙트
러시아어
필수단어

시원스쿨러시아어연구소 지음

45일만에 끝내는 러시아어 필수 어휘집
일상 단어부터 토르플 기초·기본 단어까지

단어 2000개 수록!

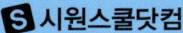
시원스쿨닷컴

머리말

Привет! 쁘리비옛! 안녕하세요!

러시아어 공부를 시작하는 여러분, 반갑습니다!
여러분들은 '러시아'하면 제일 먼저 무엇이 떠오르시나요?
볼쇼이 발레단? 보드카? 차이콥스키? 모스크바의 붉은 광장?

모스크바 중심에 위치한 볼쇼이 극장의 발레단 공연을 감상하기 위해, 세계 3대 박물관으로 꼽히는 Эрмитаж 에리미따쥐를 관람하기 위해, 시베리아 횡단 열차의 로망을 실현하기 위해… 전 세계 수많은 관광객이 러시아를 찾고 있습니다. 2014년 한·러 무비자 협정 체결에 따라 한국인 관광객 역시 매년 증가하는 추세이지요.

또한 러시아는 전 세계에서 가장 큰 영토에 석유, 다이아몬드, 금 등 수많은 천연자원을 보유하고 있어 이를 바탕으로 국제 무대에서 경제, 외교, 군사적 우위를 점하고 있기도 합니다. 게다가 러시아어를 알면 러시아뿐만 아니라 우즈베키스탄, 카자흐스탄, 키르키즈스탄 등 CIS 12개 국가에서 활용할 수 있기 때문에 최근 주요 기업에서도 러시아어 능통자를 우대하는 경우가 많습니다. 이처럼 남들과 차별화된 여러분만의 특별한 무기가 바로 러시아어라고 할 수 있습니다.

『퍼펙트 러시아어 필수 단어』는 러시아어 입문부터 시험을 준비하는 단계까지 폭넓은 도움이 되도록 구성되었습니다. 회화에서 가장 많이 쓰이는 주제에 따라 상황별 필수 단어를 선정하여, 바로 써먹을 수 있는 예문으로 활용하도록 하였습니다. 매 단어마다 연상 작용에 꼭 맞는 그림을 실어, 보다 효율적으로 암기할 수 있도록 하였습니다. 단어와 문장을 얼마나 기억하고 있는지 연습문제를 통해 스스로 점검하고, 자연스럽게 토르플 준비 단계로 도약할 수 있도록 어휘와 기초 문법을 충실하게 수록했습니다. 원어민 발음으로 녹음한 MP3와 함께 보고, 듣고, 따라하며 나도 모르게 원어민 발음이 입에 붙도록 하였습니다.

『퍼펙트 러시아어 필수 단어』를 통해 여러분의 실력 향상은 물론, 더 높은 꿈과 비전을 달성하시기를 응원합니다.

Пока! 빠까! 화이팅!

시원스쿨러시아어연구소

목차

머리말 · 004

목차 · 006

마스터 플랜 · 008

토르플(TORFL) 시험 안내 · 010

Day1   러시아어 발음규칙 · 012

Day2   신체 · 016

Day3   침실 · 022

Day4   욕실 · 026

Day5   거실 · 030

Day6   부엌 1 · 034

Day7   부엌 2 · 038

Day8   옷장 · 042

Day9   액세서리 · 052

Day10 가족 · 056

Day11 청소 · 060

Day12 공부 · 064

Day13 계절·날씨 · 068

Day14 거리 · 074

Day15 공원 · 078

Day16 병원 · 082

Day17 과일 · 086

Day18 채소 · 096

Day19 육류·해산물 · 100

Day20 취미 · 104

Day21 그림 · 108

Day22 운동 · 112

Day23 편지 · 116

Day24 만남 · 120

Day25 음식 · 124

Day26 디저트 · 130

Day27 영화 · 138

Day28 콘서트 · 142

Day29 동물원 · 146

Day30 학교 · 150

Day31 학교·수업 · 154

Day32 회사 · 158

Day33 직업 · 162

Day34 나라·도시 · 166

Day35 소풍 · 172

Day36 교통수단 · 180

Day37 공항 · 184

Day38 관광 · 188

Day39 기념품 · 192

Day40 숫자 · 196

Day41 날짜 · 202

Day42 기념일 · 208

Day43 감정 · 212

Day44 성격 · 216

Day45 종합 평가 · 224

PLUS 1 기초 문법 다지기 · 228

PLUS 2 토르플 기초·기본 어휘 익히기 · 234

커리큘럼 · 254

마스터 플랜

1. 단어 with 이미지로 자동 암기!

일상 생활에서 가장 많이 쓰이는 단어를
상황별, 주제별로 학습한다!
특히, 이미지와 함께 더 쉽고 재미있게 기억할 수 있다!

2. 단어를 문장으로 확인!

단어를 배우고 문장으로 확인하여 쓰임새를 내 것으로!
세 가지 다양한 예문을 보며 더 정확하게 익힐 수 있다!

3. 네이티브 발음 확인하기

현지인 전문 성우의 발음을 듣고 그대로 따라하자! MP3
파일로 언제 어디서나 들을 수 있어 자투리 시간에도 효과적!
단어와 🎧표시된 문장을 원어민 발음으로 들으며 공부해 보자!

4. 말하기 test로 실력 점검!

오늘 배운 내용을 기억하는지 확실하게 점검한다.
그날 배운 단어와 문장을 완벽하게 되짚어 보자!

5. 기초 문법 다지기!

어려운 설명 NO!
기초 문법만 알아도 말하기 실력 확 오른다!
문장 속 용법이 머릿속에 쏙~

토르플(TORFL) 시험 안내

1. 토르플(TORFL) 시험이란?

외국인을 위한 러시아어 능력 인증 시험입니다. 이 시험은 러시아 연방 교육부 산하의 러시아어 능력 평가 센터에서 주관하며 러시아어에 대한 종합적인 평가가 이루어집니다.

토르플 시험은 기초 단계부터 4단계까지 총 6단계로 이루어져 있고 각 단계당 어휘·문법, 읽기, 듣기, 쓰기, 말하기의 5개 영역으로 구성되어 있습니다. 전체 5개 영역 중 66% 이상을 취득하면 합격입니다. 현재 한국에서는 기초 단계부터 3단계까지 응시 가능합니다.

응시자가 각 단계별로 신청하여 응시한 후 통과하게 되면, 해당 단계에 대한 인증서를 발급해 줍니다. 이 인증서에는 유효 기간이 없습니다. 단, 인증서 제출처에 따라 인정하는 유효 기간이 상이할 수 있습니다.

토르플은 국내 공기업 및 기업체, 병원 등에서 채용 기준으로 채택되고 있습니다.

2. 시험 영역

- 어휘·문법 영역(Лексика / Грамматика) 객관식 필기 시험으로 어휘와 문법 평가

- 읽기 영역(Чтение) 객관식 필기 시험으로 본문에 대한 독해 능력 평가

- 듣기 영역(Аудирование) 객관식 필기 시험으로 듣기 능력 평가

- 쓰기 영역(Письмо) 주관식 필기 시험으로 주제에 따른 작문 능력 평가

- 말하기 영역(Говорение) 주관식 구술 시험으로 상황에 따른 말하기 능력 평가

3. 토르플 시험 단계

토르플 시험은 기초 단계, 기본 단계, 1단계, 2단계, 3단계, 4단계로 나누어져 있습니다.

- **기초 단계**
  일상생활에서 기본적인 의사소통이 충분히 가능한 기초적인 러시아어 수준을 지니고 있다고 판단됨.

- **기본 단계**
  러시아 사회의 생활 풍습과 사회·문화적 환경이 반영된 상황에서 기본적인 의사소통이 충분히 가능하다고 판단됨.

- **1단계**
  외국어로서 러시아어의 국가 기준에 부합하는 러시아 사회의 생활풍습과 사회·문화 및 전문 분야에서 기본적인 의사소통이 충분히 가능하다고 판단됨.

- **2단계**
  인문학, 공학, 자연과학 등 전문 분야에서 러시아어로 기본적인 의사소통이 충분히 가능하다고 판단됨.

- **3단계**
  어문학 분야 및 모든 영역에서 러시아어로 의사소통이 충분히 가능하다고 판단됨.

- **4단계**
  러시아 원어민 수준에 가깝게 자유자재로 러시아어를 구사할 수 있는 능력이 있다고 판단됨.

Day 01 러시아어 발음 규칙

01 유성음과 무성음

유성음	Б	В	Г	Д	Ж	З
무성음	П	Ф	К	Т	Ш	С

01-1 유성음과 무성음 법칙

1. 어말 무성음화 법칙

단어의 마지막 철자가 유성음일 경우 대응하는 무성음으로 발음합니다.

мё**д** (꿀) → [мё**т**]
зу**б** (치아) → [зу**п**]
но**ж** (칼) → [но**ш**]

2. 무성음화 법칙

단어 내 자음 순서가 유성음+무성음일 경우 앞의 유성음이 뒤의 무성음의 영향을 받아 무성음으로 발음됩니다. 이 규칙은 '전치사+단어'의 사이에도 적용됩니다.

вкус (맛) → [**ф**кус]
ска**з**ка (이야기, 동화) → [ска**с**ка]
ло**ж**ка (숟가락) → [ло**ш**ка]
в **т**еатр (극장으로) → [**ф**тиатр]

3. 유성음화 법칙

단어 내 자음 순서가 무성음+유성음일 경우 앞의 무성음이 뒤의 유성음의 영향을 받아 유성음으로 발음됩니다.

с**д**ача (잔돈) → [**зд**ача]
фу**тб**ол (축구) → [фу**дб**ол]
сбор (수집) → [**зб**ор]

---

1. 어말 무성음화 법칙
단어의 마지막 철자가 **유**성음 → **무**성음

---

2. 무성음화 법칙
유성음+무성음 → **무**성음+무성음

---

3. 유성음화 법칙
무성음+유성음 → **유**성음+유성음

---

02 강세 규칙

러시아어의 강세가 있는 모음은 상대적으로 길고 분명하게 발음하고, 강세가 없는 모음은 약화하여 발음합니다. 2음절 이상의 단어는 늘 강세와 함께 기억하세요!

1. 강세 있는 O와 강세 없는 O

- 강세 있는 o는 [o] 그대로 발음합니다.
  зонт (우산) → [зонт]

- 강세 없는 o는 [a]로 발음합니다.
  Москва (모스크바) → [Масква]

2. 강세 있는 Я와 강세 없는 Я

- 강세 있는 я는 [я] 그대로 발음합니다.
  яблоко (사과) → [яблака]

- 강세 없는 я는 [и]로 발음합니다.
  язык (언어) → [изык]

3. 강세 있는 E와 강세 없는 E

- 강세 있는 e는 [e] 그대로 발음합니다.
  центр (중심) → [центр]

- 강세 없는 e는 [и]로 발음합니다.
  река (강) → [рика]

4. 강세 규칙 예외

- 강세 없는 e를 [e] 그대로 발음하기도 합니다.
  море (바다) → [море]
  поле (들판) → [поле]

Perfect 단어 학습 Tip

제1탄 러시아어, 이미 친숙하다!

발음도 문자도 어려워 보이는 러시아어, 몰라도 전혀 걱정할 필요 없어요.
알고 보면 우리에게 익숙한 러시아어가 이미 상당히 많답니다.

어휘

지식인을 가리키는 интеллигенция [인뗄리겐찌야]

근거지, 아지트를 가리키는 агитпункт [아기뿐크트]

내통자, 스파이를 말하는 фракция [f프락찌야]

한국, 일본, 러시아로 둘러싸인 바다 오호츠크 해 Охотское море [아홋쯔까예 모레]

침엽수 지대를 나타내는 타이가 тайга [따이가]

모두 한 번씩은 들어 보았을 거예요.
이제 러시아어와 좀 더 친해진 느낌으로 Day 2 학습을 시작해 볼까요?

Day 02 신체

Date. .   .

---

01 얼굴   **лицо** [리쪼]

쾌활한 얼굴
Весёлое лицо

얼굴이 붉어지다
Лицо краснеет.

정면으로 쳐다보다
Смотреть в лицо.

---

02 눈   **глаз** [글라스]

갈색 눈
Карие глаза

눈이 반짝인다.
Глаза блестят.

그녀는 아름다운 눈을 갖고 있다.
У неё красивые глаза.

---

03 코   **нос** [노쓰]

매부리코
Горбатый нос

시험이 코앞이다.
Экзамены на носу.

나는 코가 막혔다.
У меня нос заложен.

04 입　　рот [롯]

커다란 입
Большой рот

꽉 다문 입
Закрытый рот

입에 물고 있다.
Держать во рту.

05 치아　　зуб [z줍]

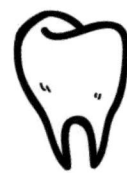

썩은 이
Гнилой зуб

이를 뽑다
Удалить зуб.

새 이가 났다.
Вырос новый зуб.

06 귀　　ухо [우하]

귀가 울린다.
В ушах звенит.

귀에 약을 넣다
Закапать ухо.

귓속에 대고 이야기하다
Шептать на ухо.

07 머리

голова [갈라v바]

머리를 들다
Поднять голову.

나는 머리가 아프다.
У меня голова болит.

머리에 모자를 쓰다
Надеть шапку на голову.

08 몸

тело [뗄라]

나체
Голое тело

체온
Температура тела

온몸을 떨다
Дрожать всем телом.

09 손, 팔

рука [루까]

오른손, 왼손
Правая, левая рука

그녀는 손재주가 좋다.
У неё золотые руки.

🎧 팔짱을 끼다
Скрестить руки на груди.

10 발, 다리 — нога [나가]

선 채로
На ногах

그는 긴 다리를 갖고 있다.
У него длинные ноги.

나는 오른발이 저렸다.
У меня правая нога затекла.

11 무릎 — колено [깔례나]

무릎까지 오는 치마
Юбка до колен

무릎을 꿇다
Опускаться на колени

무릎에 멍이 들다
Синяк на колене.

12 어깨 — плечо [쁠리초]

어깨에 메다
Нести на плечах.

어깨가 저렸다.
Затекли плечи.

🎧 그는 어깨가 넓다.
У него широкие плечи.

13 등

спина [스삐나]

등을 펴다
Выпрямить спину.

반듯이 눕다
Лежать на спине.

뒤로 넘어지다
Упасть на спину.

14 허리

талия [딸리야]

날씬한 허리
Стройная талия

허리를 안다
Обнимать за талию.

그녀는 허리가 가늘다.
У неё тонкая талия.

15 배

живот [쥐v봇]

배가 아프다.
Живот болит.

배를 불리다
Наполнить живот.

배에서 소리가 난다.
Бурчит в животе.

Perfect 단어 학습 Tip

제2탄 단어 카드 활용법!

잘 안 외워지는 단어는 나만의 단어 카드로 만들어 보세요. 자투리 종이나 작은 노트를 이용해서 앞뒤에 러시아어와 발음, 뜻을 나누어 적어요. 이제 막 러시아어를 시작해서 모르는 단어가 너무 많다면? 시원스쿨 홈페이지에서 러시아어 단어 카드 PDF를 다운로드하여 활용해 보세요. 앞장에는 그림과 뜻, 뒷장에는 러시아어가 적혀 있으며 손에 쏙 들어오는 크기로 휴대하기 편리합니다. MP3를 들으면서 단어 카드로 학습하면 더 효과적으로 암기할 수 있겠죠?

단어 카드

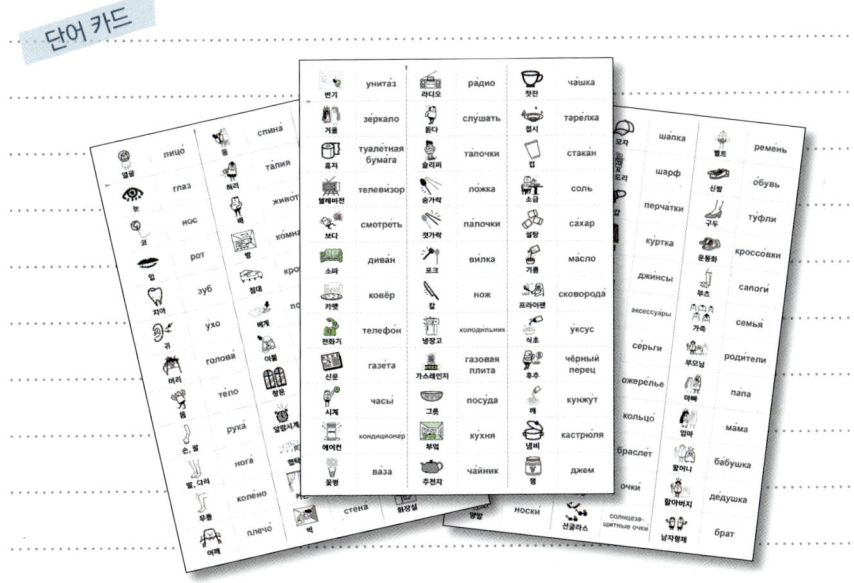

Day 03 침실

Date.

01 방 — **комната** [꼼나따]

깨끗한 방
Чистая комната

방을 빌리다
Снять комнату.

방이 따뜻하다.
В комнате тепло.

02 침대 — **кровать** [끄라밧쯔]

1인용 침대
Односпальная кровать

침대에 눕다
Лежать на кровати.

침대에서 자다
Спать на кровати.

03 베개 — **подушка** [빠두쉬까]

깃털 베개
Пуховя подушка

임산부를 위한 베개
Подушка для беременных

베개를 베다
Положить подушку под голову.

04 이불   **одеяло** [아디얄라]

솜이불
Синтепоновое одеяло

이불을 덮다
Укрываться одеялом.

이불을 덮고 자다
Спать под одеялом.

05 창문   **окно** [아끄노]

커다란 창문
Большое окно

🎧 창문을 열다
Открыть окно.

창문을 닫다
Закрыть окно.

06 알람 시계   **будильник** [부딜닉]

알람 시계를 끄다
Отключить будильник.

알람 시계가 그를 깨웠다.
Будильник разбудил его.

알람 시계를 아침 7시에 맞추어 놓다
Поставить будильник на семь часов утра.

07 협탁

тумбочка [뚬바치까]

먼지 쌓인 협탁
Пыльная тумбочка

TV장
Тумбочка под телевизор

침대맡 협탁
Прикроватная тумбочка

08 커튼

шторы [쉬또리]

침실 커튼
Шторы в спальню

벨벳 커튼
Бархатные шторы

커튼을 늘어뜨리다
Удлинить шторы.

09 벽

стена [스찌나]

벽에 벽지를 바르다
Обклеить стены обоями.

벽에 못을 박다
Забить гвоздь в стену.

벽에 그림이 걸려 있다.
На стене висит картина.

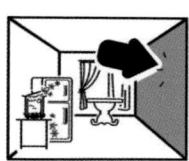

10 달력 — **календарь** [깔린다르]

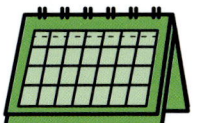

음력
Лунный календарь

탁상 달력
Настольный календарь

🎧 벽에 달력을 걸다
Повесить календарь на стену.

11 문 — **дверь** [드v볘ㄹ]

정문
Входная дверь

🎧 문을 두드리다
Стучать в дверь.

갑자기 문이 열렸다.
Вдруг дверь открылась.

12 램프, 등 — **лампа** [람빠]

백열전구
Лампа накаливания

전등을 끄다
Погасить лампу.

방에 전등이 켜져 있다.
В комнате горит лампа.

Day 04 욕실

Date.

01 욕실

ванная [v반나야]

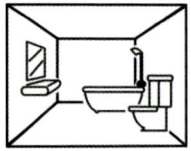

욕실
Ванная комната

욕실용 작은 선반
Полочка для ванной

욕실에서 샤워하다
Принять душ в ванной.

02 샤워

душ [두쉬]

샤워 젤
Гель для душа

🎧 샤워하다
Принять душ.

샤워실로 가다
Пойти в душ.

03 뜨겁게(다)

горячо [가리초]

뜨거운 차
Горячий чай

뜨겁게 사랑하다
Горячо любить.

해가 뜨겁게 내리쬐다
Солнце горячо обжигало.

04 비누   мыло [밀라]

물비누
Жидкое мыло

빨랫비누
Хозяйственное мыло

비누 없이 씻다
Мыться без мыла.

05 샴푸   шампунь [샴뿐]

샴푸 성분
Состав шампуня

지성 모발용 샴푸
Шампунь для жирных волос

샴푸로 머리를 감다
Мыть голову шампунем.

06 칫솔   зубная щётка [z주브나야 쇼트까]

일반 칫솔
Обычная зубная щётка

전동 칫솔
Электрическая зубная щётка

어린이용 칫솔
Зубная щётка для детей

07 치약
зубная паста [z주브나야 빠스따]

미백 치약
Отбеливающая зубная паста

튜브에 든 치약
Зубная паста в тюбике

민감성 치아를 위한 치약
Зубная паста для чувствительных зубов

08 수건
полотенце [빨라뗀쩨]

행주
Хозяйственное полотенце

수건으로 손을 닦다
Вытирать руки полотенцем.

수건으로 머리를 싸매다
Обернуть волосы полотенцем.

09 화장실
туалет [뚜알롓]

유료 화장실
Платный туалет

여자 화장실
Женский туалет

🎧 화장실은 어디에 있나요?
Где туалет?

10 변기 — **унитаз** [우니따스]

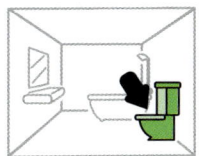

변기가 고장 나다
Унитаз не работает.

화장실에 변기가 있다.
В туалете расположен унитаз.

변기에 쓰레기를 버리지 마세요!
Запрещено бросать мусор в унитаз!

11 거울 — **зеркало** [z제르깔라]

손거울
Ручное зеркало

거울을 보다
Смотреть в зеркало.

거울 앞에서 단장하다
Причёсываться перед зеркалом.

12 휴지 — **туалетная бумага** [뚜알롓나야 부마가]

나는 휴지가 필요하다.
Мне нужна туалетная бумага.

🎧 화장실에 휴지가 없다.
В туалете нет туалетной бумаги.

그는 어제 휴지를 샀다.
Вчера он купил туалетную бумагу.

Day 05 거실

Date.　　.　　.

---

01 텔레비전　**телевизор** [뗼리v비z자르]

텔레비전을 켜다
Включить телевизор.

텔레비전을 끄다
Выключить телевизор.

그녀는 좋은 텔레비전을 샀다.
Она купила хороший телевизор.

---

02 보다　**смотреть** [스마뜨롓]

앞을 보다
Смотреть вперёд.

🎧 창문을 내다보다
Смотреть в окно.

텔레비전으로 영화를 보다
Смотреть фильмы по телевизору.

---

03 소파　**диван** [디v반]

가죽 소파
Кожаный диван

소파 등받이
Спинка дивана

소파에 앉다
Сесть на диван.

04 카펫

ковёр [까v뵤르]

카펫을 짜다
Ткать ковры.

바닥에 카펫을 깔다
Положить ковёр на пол.

카펫으로 소파를 덮다
Покрыть ковром диван.

05 전화기

телефон [찔리f폰]

🎧 통화 중이다.
Телефон занят.

전화하다
Звонить по телефону.

전화로 대화하다
Разговаривать по телефону.

06 신문

газета [가z제따]

조간신문
Утренняя газета

일간지
Ежедневная газета

오늘 자 신문을 읽다
Читать сегодняшнюю газету.

07 시계 — **часы** [취씌]

벽시계
Настенные часы

시계가 고장 나다
Часы не работают.

시계기 10분 느리다.
Часы отстают на десять минут.

08 에어컨 — **кондиционер** [깐디찌아녜르]

에어컨을 켜 주세요.
Включите кондиционер.

에어컨을 꺼 주세요.
Выключите кондиционер.

우리는 새로운 에어컨을 사야 해요.
Нам надо купить новый кондиционер.

09 꽃병 — **ваза** [v바z자]

유리 꽃병
Стеклянная ваза

꽃병을 깨다
Разбить вазу.

꽃을 꽃병에 꽂다
Поставить цветы в вазу.

10 라디오

радио [라디오]

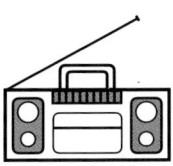

라디오 통신
Радио связь

라디오를 듣다
Слушать радио.

라디오로 방송하다
Передать по радио.

11 듣다

слушать [슬루샷]

🎧 음악을 듣다
Слушать музыку.

강의를 듣다
Слушать лекцию.

주의 깊게 듣다
Внимательно слушать.

12 슬리퍼

тапочки [따빠취끼]

여성용 슬리퍼
Женские тапочки

가정용 슬리퍼
Домашние тапочки

슬리퍼를 신다
Носить тапочки.

Day 06 부엌 1

Date.

---

01 숟가락 — **ложка** [로쉬까]

꿀 한 숟가락
Ложка мёда

숟가락으로 먹다
Есть ложкой.

약을 한 숟가락 복용하다
Принимать лекарство по одной ложке.

---

02 젓가락 — **палочки** [빨라취끼]

식사용 젓가락
Палочки для еды

젓가락으로 먹다
Есть палочками.

젓가락을 어떻게 사용해야 합니까?
Как пользоваться палочками?

---

03 포크 — **вилка** [v빌까]

포크와 나이프
Вилка и нож

포크 하나 주세요.
Дайте одну вилку, пожалуйста.

포크는 식사 도구이다.
Вилка – это столовый прибор.

04 칼

нож [노쉬]

식칼
Кухонный нож

날카로운 칼
Острый нож

칼로 썰다
Резать ножом.

05 냉장고

холодильник [할라딜닉]

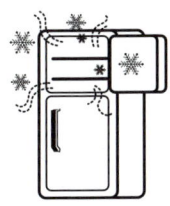

커다란 냉장고
Большой холодильник

고기를 냉장고에 넣다
Положить мясо в холодильник.

식료품을 냉장고에 보관하다
Хранить продукты в холодильнике.

06 가스레인지

газовая плита [가z자v바야 쁠리따]

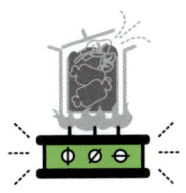

가스레인지에서 음식을 하다
Готовить на газовой плите.

가스레인지에 고기를 볶다
Жарить мясо на газовой плите.

가스레인지에 냄비를 올려놓다
Поставить кастрюлю на газовую плиту.

07 그릇

посуда [빠쑤다]

사기 그릇
Фарфоровая посуда

그릇을 씻다
Помыть посуду.

식탁에서 그릇을 치우다
Убрать посуду со стола.

08 부엌

кухня [꾸흐냐]

부엌에서 일하다
Работать на кухне.

🎧 부엌에서 요리하다
Готовить на кухне.

나는 부엌에서 전화기를 잃어버렸다.
Я забыл мой телефон на кухне.

09 주전자

чайник [차이닉]

전기 주전자
Электрический чайник

주전자가 끓는다.
Чайник закипает.

주전자에서 물이 데워진다.
Греть воду в чайнике.

10 찻잔 — **чашка** [차쉬까]

차 한 잔
Чашка чая

잔에 차를 가득 따르다
Наливать чашку чая

테이블 위에 잔들이 있다.
Чашки стоят на столе.

11 접시 — **тарелка** [따렐까]

얕은 접시
Мелкая тарелка

음식이 가득 찬 접시
Полная тарелка

테이블에 소시지 접시가 2개 있다.
Поставить на стол две тарелки колбасы.

12 컵 — **стакан** [스따깐]

물 한 컵
Стакан воды

물을 마시다
Выпить стакан воды.

 컵에 물을 가득 따르다
Налить воду в стакан.

Day 07 부엌 2

Date.

01 소금
соль [쏠]

바닷소금
Морская соль

국에 소금을 넣다
Положить соль в суп.

소금을 너무 많이 치지 마라.
Не клади много соли.

02 설탕
сахар [싸하르]

각설탕
Кусковой сахар

설탕이 들어간 차
Чай с сахаром

설탕이 물에 녹는다.
Сахар растворяется в воде.

03 기름
масло [마쓸라]

기름을 바른 빵
Хлеб с маслом

버터
Сливочное масло

빵에 기름을 바르다
Намазать хлеб маслом.

04 프라이팬 — **сковорода** [스까v바라다]

손잡이가 없는 프라이팬
Сковорода без ручки

🎧 프라이팬에 고기를 굽다
Жарить мясо на сковороде.

프라이팬을 불 위에 올려 놓다
Сковорода стоит на огне.

05 식초 — **уксус** [욱쑤스]

사과 식초
Яблочный уксус

식초의 향
Запах уксуса

식초의 무해 성분
Полезные свойства столового уксуса.

06 후추 — **чёрный перец** [쵸르늬 뻬례쯔]

후추 좀 건네 주세요.
Передайте, пожалуйста, чёрный перец.

테이블 위에 소금과 후추가 있다.
На столе есть соль и чёрный перец.

후추는 가장 널리 보급된 향신료 중 하나다.
Чёрный перец – один из самых распространённых пряностей.

07 깨   **кунжут** [꾼줏]

참기름
Кунжутное масло

깨의 이로움
Польза семян кунжута

깨를 뿌린 쿠키
Печенье с кунжутом

08 냄비   **кастрюля** [까스뜨룔랴]

뚜껑이 있는 냄비
Кастрюля с крышкой

🎧 냄비에 국을 끓이다
Варить суп в кастрюле.

냄비를 가스 불 위에 올려놓다
Поставить кастрюлю на газ.

09 잼   **джем** [드쉠]

과일 잼
Фруктовый джем

잼을 만들다
Варить джем.

빵에 잼을 바르다
Намазать булочку джемом.

10 꿀   мёд [못]

벌꿀
Пчелиный мёд

🎧 꿀처럼 단
Сладкий как мёд

꿀이 들어간 차를 마시다
Пить чай с мёдом.

11 케첩   кетчуп [껫춥]

토마토케첩
Томатный кетчуп

집에서 만든 케첩
Домашний кетчуп

고기에 케첩을 바르다.
Полить мясо кетчупом.

12 마요네즈   майонез [마이오네스]

샐러드에 마요네즈로 맛을 내다
Заправить салат майонезом.

어떻게 맛있는 마요네즈를 만드나요?
Как вкусно готовить майонез?

마요네즈는 계란이 주 성분인 소스이다.
Майонез – это соус на основе яиц.

Day 08 옷장

Date. . .

---

01 옷장

шкаф [쉬까f프]

옷장
Шкаф для одежды

옷장을 구입하다
Купить шкаф.

침실에 옷장이 있다.
Шкаф для одежды есть в спальне.

---

02 옷

одежда [아졔쥐다]

여름옷
Летняя одежда

운동복
Спортивная одежда

 옷을 입다
Надеть одежду.

---

03 코트

пальто [빨또]

털 코트
Меховое пальто.

코트를 입고 다니다
Ходить в пальто.

코트를 입지 않고 다니다
Ходить без пальто.

04 원피스 — платье [쁠라띠예]

짧은 원피스
Короткое платье

파티용 드레스
Вечернее платье

원피스로 갈아입다
Переодеть платье.

05 정장 — костюм [까스뜜]

남성용 정장
Мужской костюм

여성용 정장
Женский костюм

양복을 벗다
Снять костюм.

06 셔츠 — рубашка [루바쉬까]

흰 셔츠
Белая рубашка

말끔한 셔츠
Нарядная рубашка

셔츠를 바지 속에 넣어 입다
Заправлять рубашку в брюки.

07 바지 — **брюки** [브류끼]

통이 좁은 바지
Узкие брюки

몸에 딱 붙는 바지
Облегающие брюки

바지를 다리다
Гладить брюки.

08 넥타이 — **галстук** [갈스뚝]

나비넥타이
Галстук с бабочкой

넥타이를 매다
Завязывать галстук.

그는 넥타이를 매지 않고 다녔다.
Он ходил без галстука.

09 양말 — **носки** [나스끼]

양말 두 켤레
Две пары носков

털양말
Шерстяные носки

🎧 양말을 신다
Надеть носки.

10 모자　　**шапка** [샤프까]

털모자
Меховая шапка

모자를 쓰지 않고
Без шапки

🎧 모자를 벗다
Снять шапку.

11 목도리　　**шарф** [샤르f프]

손으로 뜬 목도리
Вязаный шарф

목도리를 매다
Завязать шарф.

목에 목도리를 두르다
Обмотать шею шарфом.

12 장갑　　**перчатки** [뻬르촤트끼]

고무장갑
Резиновые перчатки

장갑을 끼다
Надеть перчатки.

그는 장갑을 꼈다.
Он в перчатках.

13 점퍼

куртка [꾸르트까]

누비 점퍼
Стёганная куртка

지퍼가 달린 점퍼
Куртка на молнии

가죽 점퍼를 입고 다니다
Ходить в кожаной куртке.

14 청바지

джинсы [д쥔씌]

겨울용 청바지
Зимние джинсы

몸에 꼭 맞는 청바지
Джинсы в обтяжку

청바지를 입고 출근하다
Ходить на работу в джинсах.

Perfect 단어 학습 Tip

제3탄 러시아어 학습에 유용한 사이트

러시아어! 책으로만 공부하기는 아쉽죠? 보다 현장감 넘치는, 생생한 러시아어를 공부하고 싶다면 웹 사이트를 이용해보는 건 어떨까요?

사이트

정확한 러시아어를 알자! 인터넷 사전 "그라마따 루" gramota.ru/
: 러-러 사전으로 러시아어 공부에 도움이 되는 사이트

러시아 최대 포털사이트 "얀덱스" https://www.yandex.ru/
: 러시아의 초록창! 모든 내용 검색 가능!

뉴스를 보고 듣자 "까메르산트" https://www.kommersant.ru/
: 러시아의 일간지 사이트

SNS를 통해 공부하자! "브깐닥쩨" https://vk.com/
: 러시아의 페이*북

러시아어 안되면 "시원스쿨 러시아어" http://russia.siwonschool.com/
: 기초부터 시험까지 차근차근 공부하자!

단어 말하기 연습!

- [ ] 얼굴
- [ ] 눈
- [ ] 코
- [ ] 입
- [ ] 치아
- [ ] 귀
- [ ] 머리
- [ ] 몸
- [ ] 손, 팔
- [ ] 발, 다리
- [ ] 무릎
- [ ] 어깨
- [ ] 등
- [ ] 허리
- [ ] 배
- [ ] 방
- [ ] 침대
- [ ] 베개
- [ ] 이불
- [ ] 창문
- [ ] 알람 시계
- [ ] 협탁
- [ ] 커튼
- [ ] 벽
- [ ] 달력
- [ ] 문
- [ ] 램프, 등
- [ ] 욕실
- [ ] 샤워
- [ ] 뜨겁게(다)
- [ ] 비누
- [ ] 샴푸
- [ ] 칫솔
- [ ] 치약
- [ ] 수건
- [ ] 화장실
- [ ] 변기
- [ ] 거울
- [ ] 휴지
- [ ] 텔레비전
- [ ] 보다
- [ ] 소파
- [ ] 카펫
- [ ] 전화기

- ☐ 신문
- ☐ 시계
- ☐ 에어컨
- ☐ 꽃병
- ☐ 라디오
- ☐ 듣다
- ☐ 슬리퍼
- ☐ 숟가락
- ☐ 젓가락
- ☐ 포크
- ☐ 칼
- ☐ 냉장고
- ☐ 가스레인지
- ☐ 그릇
- ☐ 부엌
- ☐ 주전자
- ☐ 찻잔
- ☐ 접시
- ☐ 컵
- ☐ 소금
- ☐ 설탕
- ☐ 기름

- ☐ 프라이팬
- ☐ 식초
- ☐ 후추
- ☐ 깨
- ☐ 냄비
- ☐ 잼
- ☐ 꿀
- ☐ 케첩
- ☐ 마요네즈
- ☐ 옷장
- ☐ 옷
- ☐ 코트
- ☐ 원피스
- ☐ 정장
- ☐ 셔츠
- ☐ 바지
- ☐ 넥타이
- ☐ 양말
- ☐ 모자
- ☐ 목도리
- ☐ 장갑
- ☐ 점퍼

문장 말하기 연습!

- ☐ 얼굴이 붉어지다
- ☐ 그는 어깨가 넓다.
- ☐ 팔짱을 끼다
- ☐ 창문을 열다
- ☐ 벽에 달력을 걸다
- ☐ 문을 두드리다
- ☐ 샤워하다
- ☐ 화장실은 어디에 있나요?
- ☐ 화장실에 휴지가 없다.
- ☐ 창문을 내다보다
- ☐ 통화 중이다.
- ☐ 음악을 듣다
- ☐ 부엌에서 요리하다
- ☐ 컵에 물을 가득 따르다
- ☐ 프라이팬에 고기를 굽다
- ☐ 냄비에 국을 끓이다
- ☐ 꿀처럼 단
- ☐ 옷을 입다
- ☐ 양말을 신다
- ☐ 모자를 벗다

문장 말하기 연습 해답!

- **Лицо** краснеет.
- У него широкие **плечи**.
- Скрестить **руки** на груди.
- Открыть **окно**.
- Повесить **календарь** на стену.
- Стучать в **дверь**.
- Принять **душ**.
- Где **туалет**?
- В туалете нет **туалетной бумаги**.
- Смотреть в **окно**.
- **Телефон** занят.
- **Слушать** музыку.
- Готовить на **кухне**.
- Налить воду **в стакан**.
- Жарить мясо на **сковороде**.
- Варить суп в **кастрюле**.
- Сладкий как **мёд**
- Надеть **одежду**.
- Надеть **носки**.
- Снять **шапку**.

Day 09 액세서리

Date. . .

01 액세서리

аксессуары [악쎄수아리]

옷과 액세서리
Одежда и аксессуары

로맨틱 스타일 액세서리
Аксессуары романтического стиля

최신 유행 여성 액세서리
Модные женские аксессуары

02 귀걸이

серьги [쎄르기]

진주 귀걸이
Серьги с жемчугом

반짝이는 귀걸이
Блестящие серьги

귀걸이는 가장 사랑받는 여성 장식품 중 하나다.
Серьги – это одно из самых любимых женских украшений.

03 목걸이

ожерелье [아쥐렐예]

진주 목걸이
Жемчужное ожерелье

호박 목걸이
Янтарное ожерелье

🎧 목걸이를 걸다
Надеть ожерелье.

04 반지 — кольцо [깔쪼]

예물 반지
Обручальное кольцо

손가락에 반지를 끼다
Надеть кольцо на палец.

약지에 반지를 끼다
Надеть кольцо на безымянный палец.

05 팔찌 — браслет [브라슬렛]

금팔찌
Золотой браслет

팔에 팔찌를 차다
Браслет на руку

시계 팔찌
Часы на браслете

06 안경 — очки [아취끼]

안경을 쓰다
Надеть очки.

안경을 벗다
Снимать очки.

안경을 쓴 사람
Человек в очках

07 선글라스

солнцезащитные очки [쏜쩨z자싯늬예 아취끼]

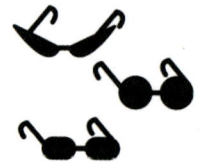

선글라스를 통해서 보다
Смотреть сквозь солнцезащитные очки.

우리는 선글라스를 액세서리처럼 착용하는 것에 익숙해져 있다.
Мы привыкли использовать солнцезащитные очки как аксессуар.

선글라스는 단지 액세서리일 뿐 아니라 눈을 보호한다.
Солнцезащитные очки – это не просто аксессуар, но и защита ваших глаз.

08 벨트

ремень [리멘]

가죽 벨트
Кожаный ремень

벨트를 매다
Подпоясаться ремнём.

오늘날 벨트는 클래식한 액세서리로 간주된다.
Брючный ремень сегодня считается классическим аксессуаром.

09 신발

обувь [오부f프]

신발 가게
Магазин обуви

신발 수리
Ремонт обуви

🎧 신발을 닦다
Чистить обувь.

10 구두 — туфли [뚜f플리]

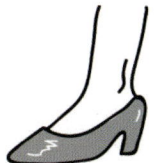

구두 종류
Виды туфель

애나멜 구두
Лаковые туфли

나는 검은 구두를 신기로 결정했다.
Я решила надеть чёрные туфли.

11 운동화 — кроссовки [끄라쏘f프끼]

남자 운동화
Мужские кроссовки

러닝화
Беговые кроссовки

청바지에 운동화를 신다
Носить джинсы с кроссовками.

12 부츠 — сапоги [싸빠기]

가죽 부츠
Кожаные сапоги

부츠를 신은 채로
В сапогах

부츠를 갈아 신다
Переобуть сапоги.

Day 10 가족

Date.

01 가족

семья [씸야]

대가족
Большая семья

화목한 가족
Дружная семья

나의 가족은 5명으로 이루어져 있다.
Моя семья состоит из пяти человек.

02 부모님

родители [라디쩰리]

엄격한 부모님
Строгие родители

아이 양육에 있어 부모의 역할
Роль родителей в воспитании детей

부모는 아이들에게 커다란 영향을 끼친다.
Родители сильно влияют на детей.

03 아빠

папа [빠빠]

아빠는 사업가다.
Папа – бизнесмен.

그는 아빠를 빼닮았다.
Он вылитый папа.

너의 아빠는 집에 계시니?
Твой папа дома?

04 엄마   **мама** [마마]

엄마의 생일
День рождения мамы

엄마는 장난감을 샀다.
Мама купила игрушку.

엄마에게 감사하다
Благодарить маму.

05 할머니   **бабушка** [바부쉬까]

할머니를 돌보다
Ухаживать за бабушкой.

할머니는 시골에 산다.
Бабушка живёт в деревне.

여름에 아들을 할머니 댁으로 보내다
Отправить сына на лето к бабушке.

06 할아버지   **дедушка** [데두쉬까]

나이 든 할아버지
Старый дедушка

이 분은 나의 할아버지다.
Это мой дедушка.

그는 얼마 전에 할아버지가 되었다.
Он недавно стал дедушкой.

07 남자 형제 — **брат** [브랏]

형
Старший брат

남동생
Младший брат

내 형은 대학생이다.
Мой старший брат студент.

08 여자 형제 — **сестра** [씨스뜨라]

언니
Старшая сестра

여동생
Младшая сестра

내 언니는 (고등)학생이다.
Моя старшая сестра школьница.

09 삼촌, 아저씨 — **дядя** [댜댜]

삼촌
Дядя со стороны отца

*«바냐 아저씨»
«Дядя Ваня»

나의 삼촌은 한국에서 일한다.
Мой дядя работает в Корее.

* 러시아의 소설가이자 극작가인 안톤 체호프(1860~1904)의 작품

10 이모, 아주머니 — тётя [쪼쨔]

이모
Родная тётя

나의 이모는 러시아에 산다.
Моя тётя живёт в России.

이모가 할머니에게 전화했다.
Тётя звонила бабушке.

11 아들 — сын [쓴]

당신에게 훌륭한 아들이 있군요.
У вас очень хороший сын.

아들들이 다 컸다.
Все сыновья выросли.

🎧 그의 아들이 태어났다.
У него родился сын.

12 딸 — дочь [도취]

외동딸
Единственная дочь

그녀에게는 두 명의 딸이 있다.
У неё две дочери.

딸이 엄마와 아주 닮았다.
Дочь очень похожа на мать.

Day 11 청소

01 청소기

пылесос [삘리쏘스]

진공청소기
Электрический пылесос

청소기로 카펫을 청소하다
Чистить ковёр пылесосом.

청소기로 방을 청소하다
Чистить комнату пылесосом.

02 먼지

пыль [삘]

먼지투성이가 되다
Быть в пыли.

먼지를 닦다
Вытирать пыль.

먼지를 마시다
Дышать пылью.

03 걸레

тряпка [뜨랴프까]

걸레로 책상을 닦다
Вытирать стол тряпкой.

걸레를 현관에 두다
Оставить тряпку в прихожей.

손에 걸레를 든 채 서 있다.
Стоять с тряпкой в руках.

04 깨끗하게(다) **чисто** [취스따]

깨끗하게 쓰다
Чисто писать.

깨끗하게 손을 씻다
Чисто вымыть руки.

🎧 방을 깨끗이 청소하다
Чисто убрать комнату.

05 종이 **бумага** [부마가]

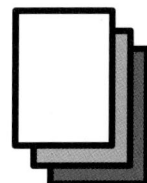

백지
Чистая бумага

얇은 종이
Тонкая бумага

종이에 싸다
Завернуть в бумагу.

06 플라스틱 **пластмасса** [쁠라스마싸]

플라스틱 장난감
Игрушки из пластмассы

플라스틱의 견고함
Прочность пластмассы

플라스틱으로 만든 부속품
Детали из пластмассы

07 유리   **стекло** [스찌끌로]

유리잔
Рюмки из стекла

유리창
Оконное стекло

유리 제조
Производство стекла

08 쓰레기   **мусор** [무싸르]

쓰레기 바구니
Корзина для мусора

쓰레기 청소
Уборка мусора

쓰레기를 청소하다
Подмести мусор.

09 얼룩   **пятно** [삣노]

핏자국
Пятно крови

얼룩을 지우다
Выводить пятно.

원피스에 얼룩을 만들다
Поставить пятно на платье.

10 세탁기　　стиральная машина [스찌랄나야 마쉬나]

어떤 세탁기가 더 낫니?
Какая стиральная машина лучше?

가장 좋은 세탁기를 사다
Купить самую хорошую стиральную машину.

세탁기를 어떻게 사용해야 하니?
Как пользоваться стиральной машиной?

11 바느질하다　　шить [쉿]

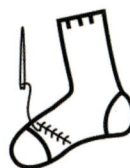

🎧 옷을 꿰매다
Шить платье.

손으로 바느질하다
Шить вручную.

재봉틀로 바느질하다
Шить на швейной машине.

12 다리미　　утюг [우뜍]

스팀다리미
Паровой утюг

전기다리미
Электрический утюг

🎧 다림질하다
Гладить утюгом.

Day 12 공부

Date.

01 숙제

домашнее задание [다마쉬녜예 z자다니예]

러시아어 숙제
Домашнее задание по русскому языку.

🎧 숙제를 하다
Делать домашнее задание.

숙제를 내 주다
Задать домашнее задание.

02 어렵게(다)

трудно [뜨룻나]

찾기 어렵다.
Трудно найти.

이것은 어렵지 않다.
Это не трудно.

러시아어는 배우기 어렵다.
Трудно изучать русский язык.

03 문제

вопрос [v바쁘로쓰]

어려운 문제
Трудный вопрос

문제없다
Нет вопросов.

🎧 문제에 답하다
Ответить на вопрос.

04 공책

тетрадь [띠뜨랏ㅈ]

얇은 공책
Тонкая тетрадь

공책에 쓰다
Писать в тетради.

공책이 책상 위에 놓여 있었다.
Тетрадь лежала на столе.

05 가방

сумка [쑴까]

여성 핸드백
Дамская сумка

무거운 가방
Тежёлая сумка

가방 안에 책을 넣다
Укладывать в сумку книги.

06 교과서

учебник [우체브닉]

러시아어 교과서
Учебник по русскому языку

2학년을 위한 교과서
Учебник для учащихся второго класса

교과서 30쪽을 펴세요.
Откройте учебник на тридцатой странице.

07 책상, 테이블

стол [스똘]

원목 책상
Деревянный стол.

테이블로 모이다
Собираться к столу.

테이블 위에 램프가 있다.
Лампа на столе.

08 의자

стул [스뚤]

의자에서 일어나다
Встать со стула.

아이를 의자에 앉히다
Посадить ребёнка на стул.

방에 책상과 의자가 있다.
В комнате есть стол и стул.

09 필통

пенал [삐날]

어린이용 필통
Детские пеналы

플라스틱 필통
Пластиковый пенал

가방 안에 책과 필통이 있다.
В сумке книги и пенал.

10 연필   **карандаш** [까란다쉬]

색연필
Цветной карандаш

연필을 깎다
Точить карандаш.

연필로 쓰다
Писать карандашом.

11 지우개   **ластик** [라스띡]

부드러운 지우개
Мягкий ластик

연필과 지우개
Карандаш и ластик

지우개로 선을 지우다
Стереть ластиком черту.

12 펜   **ручка** [루취까]

볼펜
Шариковая ручка

3색 펜
Трёхцветная ручка

파란색 펜으로 쓰다
Писать синей ручкой.

Day12 | 공부 **067**

Day 13 계절·날씨

Date.

01 봄

весна [v비쓰나]

봄에
Весной

이른 봄
Ранняя весна

봄이 왔다.
Весна пришла.

02 날씨

погода [빠고다]

최악의 날씨
Ужасная погода

화창한 날씨
Солнечная погода

🎧 날씨 정말 좋다!
Какая хорошая погода!

03 따뜻하게(다)

тепло [띠쁠로]

따뜻해졌다.
Стало тепло. (Потеплело.)

따뜻하게 옷 입다
Тепло одеваться.

여기는 따뜻하다.
Здесь тепло.

04 바람   **ветер** [v베떼르]

강풍
Сильный ветер

밖에 바람 부니?
На улице ветер?

바람을 피해서 돌다
Повернуть против ветра.

05 여름   **лето** [레따]

건조한 여름
Сухое лето

인디안 서머
Бабье лето

여름에 나는 러시아에 있을 것이다.
Летом я буду в России.

06 덥게(다)   **жарко** [좌르까]

매우 덥다.
Очень жарко

방 안이 더웠다.
В комнате было жарко.

올해 한국은 매우 더웠다.
В этом году в Корее было очень жарко.

07 우산

зонт [z존트]

우산을 펴다
Раскрыть зонт.

우산을 접다
Закрыть зонт.

우산을 가지고 집에서 나가다
Выйти из дома с зонтом.

08 비

дождь [도쉬z]

여우비
Грибной дождь

비가 오다
Идёт дождь.

비가 그쳤다.
Дождь прекратился.

09 가을

осень [오씬]

따뜻한 가을
Тёплая осень

황금빛 가을
Золотая осень

가을에 휴가를 갈 것이다.
Пойду в отпуск осенью.

10 시원하게(다)   **прохладно** [쁘라흘라드나]

밤에는 시원하다.
Ночью прохладно.

집이 시원했다.
Дома было прохладно.

내일은 시원해질 것이다.
Завтра будет прохладно.

11 하늘   **небо** [네바]

파란 하늘
Синее небо

맑은 하늘
Ясное небо

하늘을 바라보다
Смотреть на небо.

12 구름   **облако** [오블라까]

비구름
Дождевые облака

파란 하늘에 구름 한 점 없다.
На голубом небе ни облака.

하늘이 온통 구름으로 뒤덮였다.
Всё небо затянулось облаками.

13 겨울

зима [z지마]

눈이 많이 오는 겨울
Снежная зима

오랜만이야! (여름과 겨울이 몇 번이나 지났냐는 의미)
Сколько лет, сколько зим!

겨울이 일찍 찾아왔다.
Зима наступила рано.

14 춥게(다)

холодно [홀라드나]

추워졌다.
Стало холодно. (Похолодало.)

오늘은 춥다.
Сегодня холодно.

지금 나는 춥다.
Сейчас мне холодно.

15 눈

снег [스넥]

첫눈
Первый снег

🎧 눈이 오다
Идёт снег.

하루 종일 눈이 오다
Весь день идёт снег.

Perfect 단어 학습 Tip

제4탄 매일 써먹는 기초 회화 표현!

러시아어로 '말'하고 싶다면? 매일 쓰는 러시아어 회화 표현을 알아봅시다!

회화 표현

안녕 Привет [쁘리v비옛]

고마워 Спасибо [스빠씨바]

어떻게 지내? Как дела? [깍 딜라]

좋아 / 그래 Хорошо [하라쇼]

미안해 Извини [이즈v비니]

얼마예요? Сколько это стоит? [스꼴까 에따 스또잇]

맛있어 Вкусно [f프꾸쓰나]

지금 몇 시예요? Сколько времени сейчас? [스꼴까 v브레미니 씨챠스]

날씨가 좋다 Какая хорошая погода! [까까야 하로샤야 빠고다]

Day 14 거리

Date.   .   .

---

01 집

дом [돔]

나의 집
Мой дом

톨스토이의 집
Дом Л. Н. Толстого

집에서 나오다
Выйти из дома.

02 아파트

квартира [끄v바르찌라]

아파트에 살다
Жить в квартире.

당신의 아파트는 어디입니까?
Где ваша квартира?

🎧 새 아파트로 이사하다
Переехать в новую квартиру.

03 건물

здание [z즈다니예]

고층 건물
Высотное здание

*모스크바 국립 대학교 본관
Главное здание МГУ

건물을 짓다
Строить здание.

* 러시아 모스크바에 위치한 러시아 최고 학부이자 세계적인 종합 대학

074 퍼펙트 러시아어 필수 단어

04 거리　　улица [울리짜]

*아르바트 거리
Улица Арбат

거리에 비가 온다.
На улице дождь.

거리에 사람이 많다.
На улице много людей.

* 러시아 모스크바에 위치한 번화가

05 길　　дорога [다로가]

철도
Железная дорога

러시아로 가는 길
Дорога в Россию

이 길은 어디로 향합니까?
Куда ведёт эта дорога?

06 대로　　проспект [쁘라스뻭트]

*넵스키 대로
Невский проспект

중앙 대로
Центральный проспект

나의 언니는 레닌스키 대로에 산다.
Моя сестра живёт на Ленинском проспекте.

* 러시아 상트페테부르크의 네바강을 낀 대로

07 다리   **мост** [모스트]

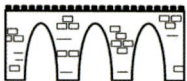

*상트페테르부르크에 있는 개폐교
Разводной мост в Санкт-Петербурге.

다리를 건설하다
Построить мост.

다리를 통해서 가다
Идти через мост.

* 상트페테르부르크의 상징 중 하나로, 네바강에는 모두 8개의 개폐교가 있다.

08 상점   **магазин** [마가z진]

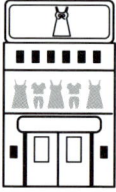

가게 점장
Директор магазина

인터넷 상점
Интернет-магазин

상점에 가다
Пойти в магазин.

09 정류장   **остановка** [아스따노f프까]

버스 정류장
Автобусная остановка

버스에서 정류장 하나를 지나치다
Проехать одну остановку на автобусе.

당신은 다음 정류장에서 내리시나요?
Вы выходите на следующей остановке?

10 노점   **киоск** [끼오스크]

신문 가판대
Газетный киоск

노점에서 잡지를 판다.
В киоске продаются журналы.

노점에서 아이스크림을 사다
Купить мороженое в киоске.

11 시장   **рынок** [리넉]

글로벌 시장
Мировой рынок

가장 큰 시장
Самый большой рынок

🎧 시장에서 과일과 채소를 사다
Купить фрукты и овощи на рынке.

12 백화점   **универмаг** [우니v베르막]

백화점에 가다
Пойти в универмаг.

백화점에서 옷을 사다
Купить одежду в универмаге.

백화점은 9시에 연다.
Универмаг открывается в девять часов.

Day 15 공원

Date. . .

01 공원

парк [빠르크]

도시 공원
Городской парк

영국식 공원
Английский парк

공원을 조성하다
Разбить парк.

02 나무

дерево [데례v바]

상록수
Вечнозелёное дерево

침엽수
Хвойное дерево

🎧 나무를 심다
Посадить дерево.

03 분수

фонтан [f판딴]

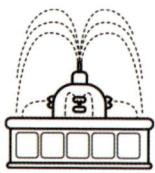

커다란 분수
Большой фонтан

정원의 분수가 물을 내뿜었다.
В саду били фонтаны.

광장에 새로운 분수가 생겼다.
На площади появился новый фонтан.

04 산책하다 — гулять [굴럇]

정원을 산책하다
Гулять в саду.

집 근처를 산책하다
Гулять около дома.

아이들과 함께 산책하다
Пойти гулять с детьми.

05 자연 — природа [쁘리로다]

자연 현상
Явление природы

자연의 법칙
Закон природы

자연의 아름다움
Красота природы

06 비둘기 — голубь [골룹ㅍ]

산비둘기
Дикие голуби

비둘기를 놓아 주다
Выпустить голубя.

비둘기는 평화의 상징이다.
Голубь – это символ мира.

07 쉬다

отдыхать [아드핫]

🎧 바다에서 쉬다
Отдыхать на море.

소음으로부터 벗어나다
Отдыхать от шума.

작년에 우리는 다차(별장)에서 쉬었다.
В прошлом году мы отдыхали на даче.

08 자작나무

берёза [비료z자]

하얀 자작나무
Белая берёза

자작나무로 만든 테이블
Столик из берёзы

자작나무로 불을 때다
Топить берёзой.

09 새

птица [프띠짜]

파랑새
Синяя птица

철새
Перелётная птица

근심 걱정 없이 살다(하늘의 새와 같이 산다는 의미)
Жить как птица небесная .

10 소나무   **сосна** [싸쓰나]

한국인들은 소나무를 좋아한다.
Корейцы любят сосны.

이 숲에는 많은 소나무가 있다.
В этом лесу много сосен.

소나무는 불멸과 생명력의 상징이다.
Сосна – это символ бессмертия и жизненной силы.

11 꽃   **цветы** [쯔v볘띄]

꽃다발
Букет цветов

조화
Искусственные цветы

여성에게 꽃을 선물하다
Подарить цветы женщине.

12 벤치   **скамейка** [스까몌이까]

나무 벤치
Деревянная скамейка

등받이가 없는 벤치
Скамейка без спинки

🎧 벤치에 앉다
Сидеть на скамейке.

Day 16 병원

Date.   .   .

---

01 병원　　**больница** [발니짜]

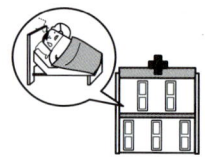

소아과
Детская больница

퇴원하다
Выписываться из больницы.

검사를 위해 입원하다
Положить в больницу на обследование.

---

02 의사　　**врач** [v브라치]

소아과 의사
Детский врач

병원장
Главный врач в больнице

의사에게 가다
Идти к врачу.

---

03 간호사　　**медсестра** [밋씨스뜨라]

당직 간호사
Дежурная медсестра

수간호사
Старшая медсестра

간호사에게 요청하다
Попросить медсестру.

| 04 | 아프게(다) | **больно** [볼나] |

삼키기 힘들다.
Больно глотать.

🎧 나는 아주 아프다.
Мне очень больно.

이 빼는 것은 아프니?
Больно удалять зуб?

| 05 | 종합 병원 | **поликлиника** [빨리끌리니까] |

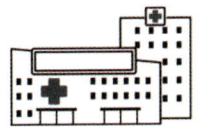

시립 병원
Городская поликлиника

종합 병원 의사 명단
Список врачей в поликлинике.

종합 병원의 의사를 집으로 부르다
Вызвать врача на дом из поликлиники.

| 06 | 약국 | **аптека** [압쩨까] |

약국 운영 시간
Часы работы аптеки

약국에 들르다
Зайти в аптеку.

약국에서 약을 사다
Купить лекарство в аптеке.

07 약 — **лекарство** [리까르스트v바]

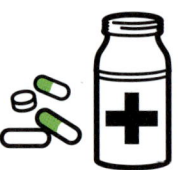

쓴 약
Горькое лекарство

약 처방전
Рецепт лекарства

감기약
Лекарство от простуды

08 약을 복용하다 — **принимать лекарство** [쁘리니맛 리까르스트v바]

🎧 감기약을 복용하다
Принимать лекарство от простуды.

기침약을 복용하다
Принимать лекарство от кашля.

식후 30분 후 약을 복용하다
Принимать лекарство через 30 минут после еды.

09 감기 — **простуда** [쁘라스뚜다]

감기의 원인
Причины простуды

고열이 없는 감기
Простуда без повышения температуры

감기의 첫 증상
Первые признаки простуды

10 독감

грипп [그맆]

바이러스성 독감
Вирусный грипп

유행성 감기
Эпидемия гриппа

독감에 걸리다
Заболеть гриппом.

11 수술

операция [아삐라찌야]

외과 수술
Хирургическая операция

수술하다
Сделать операцию.

수술은 성공적이었다.
Операция прошла успешно.

12 치료

лечение [리췌니예]

외래 치료
Амбулаторное лечение

외과 치료
Хирургическое лечение

민간 치료법
Лечение народными средствами

Day 17 과일

Date.

01 과일

фрукты [f프룩띄]

과일 바구니
Корзины для фруктов

말린 과일
Сушёные фрукты

과일 재배
Выращивание фруктов

02 사과

яблоко [야블라까]

익은 사과
Спелое яблоко

사과를 먹다
Есть яблоко.

사과는 건강과 생명력을 상징한다.
Яблоко символизирует здоровье и жизненную силу.

03 배

груша [그루샤]

배의 품종
Сорта груш

사과와 배
Яблоко и груша

배는 어디에서 자라니?
Где растёт груша?

04 딸기　　**клубника** [끌루브니까]

딸기 잼
Варенье из клубники

딸기 케이크
Торт с клубникой

딸기가 들어간 초콜릿
Шоколад с клубникой

05 달게(다)　　**сладко** [슬라트까]

아주 달다.
Очень сладко.

단내가 나다
Сладко пахнет.

입 안이 달다.
Сладко во рту.

06 맛있게(다)　　**вкусно** [f프꾸쓰나]

🎧 아주 맛있다.
Очень вкусно.

맛있게 요리하다
Вкусно готовить.

맛있는 냄새가 나다
Вкусно пахнет.

07 파인애플

ананас [아나나쓰]

파인애플 피자
Пицца с ананасом

파인애플을 자르다
Разрезать ананас.

파인애플은 내가 가장 좋아하는 과일 중 하나이다.
Ананас – это один из моих самых любимых фруктов.

08 수박

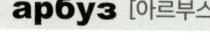

арбуз [아르부스]

커다란 수박
Большой арбуз.

수박을 자르다
Резать арбуз.

나의 아빠는 수박을 아주 좋아한다.
Мой папа очень любит арбузы.

09 레몬

лимон [리몬]

🎧 레몬을 곁들인 차
Чай с лимоном

레몬처럼 노란
Жёлтый как лимон

레몬을 짜다
Выжать лимон.

10 포도   виноград [v비나그랏]

포도 덩굴
Виноградная лоза

신 포도
Кислый виноград

테이블에 아주 맛있는 포도가 담긴 접시가 있다.
На столе тарелка с очень вкусным виноградом.

11 바나나   банан [바난]

바나나는 아주 빨리 자란다.
Банан растёт очень быстро.

나는 마지막 바나나를 꺼냈다.
Я взяла из вазы последний банан.

저곳은 일 년 내내 바나나가 자란다.
Там круглый год растут бананы.

12 시게(다)   кисло [끼슬라]

입 안이 시다.
Во рту кисло.

충분히 시다.
Довольно кисло.

레몬을 먹은 후 혀가 시기 시작했다.
Я съела лимон, и на языке стало кисло.

13 듸냐

дыня [듸냐]

*한국에는 듸냐가 없다.
В Корее нет дыни.

듸냐와 옥수수를 재배하다
Выращивать дыню и кукурузу.

카자흐스탄 남쪽에서 포도, 듸냐, 수박을 가져오다
Из южного Казахстана везут виноград, дыню и арбуз.

* 듸냐는 러시아와 우즈베키스탄, 카자흐스탄 지역 등에서 재배되는 멜론의 일종이며 당도가 매우 높다.

14 복숭아

персик [뻬르씩]

신선한 복숭아
Свежий персик

복숭아를 좋아하다
Любить персик.

자두와 복숭아를 씻다
Вымыть сливы и персики.

15 체리

вишня [v비쉬냐]

체리 주스
Сок из вишни

우리 정원에는 체리가 자란다.
У нас в саду цветёт вишня.

체리는 내가 좋아하는 열매다.
Вишня – моя любимая ягода.

Perfect 단어 학습 Tip

제5탄 속담으로 공부하자!

알고 있으면 언제 어디서나 써먹을 수 있는 러시아어 속담은 어떤 것이 있을까요?

회화 표현

배움에는 끝이 없다

Век живи, век учись.

돌다리도 두들겨 보고 건너라

Семь раз отмерь, один раз отрежь.

씨를 뿌리면 거두기 마련이다

Без труда, не выловишь и рыбку из пруда.

복습은 학습의 어머니

Повторение – мать учения.

천 리 길도 한 걸음부터

Москва не сразу строилась.

단어 말하기 연습!

- ☐ 액세서리
- ☐ 귀걸이
- ☐ 목걸이
- ☐ 반지
- ☐ 팔찌
- ☐ 안경
- ☐ 선글라스
- ☐ 벨트
- ☐ 신발
- ☐ 구두
- ☐ 운동화
- ☐ 부츠
- ☐ 가족
- ☐ 부모님
- ☐ 아빠
- ☐ 엄마
- ☐ 할머니
- ☐ 할아버지
- ☐ 남자 형제

- ☐ 여자 형제
- ☐ 삼촌, 아저씨
- ☐ 이모, 아주머니
- ☐ 아들
- ☐ 딸
- ☐ 청소기
- ☐ 먼지
- ☐ 걸레
- ☐ 깨끗하게(다)
- ☐ 종이
- ☐ 플라스틱
- ☐ 유리
- ☐ 쓰레기
- ☐ 얼룩
- ☐ 세탁기
- ☐ 바느질하다
- ☐ 다리미
- ☐ 숙제
- ☐ 어렵게(다)

- ☐ 문제
- ☐ 공책
- ☐ 가방
- ☐ 교과서
- ☐ 책상, 테이블
- ☐ 의자
- ☐ 필통
- ☐ 연필
- ☐ 지우개
- ☐ 펜
- ☐ 봄
- ☐ 날씨
- ☐ 따뜻하게(다)
- ☐ 바람
- ☐ 여름
- ☐ 덥게(다)
- ☐ 우산
- ☐ 비
- ☐ 가을

☐ 시원하게(다)	☐ 나무	☐ 감기
☐ 하늘	☐ 분수	☐ 독감
☐ 구름	☐ 산책하다	☐ 수술
☐ 겨울	☐ 자연	☐ 치료
☐ 춥게(다)	☐ 비둘기	☐ 과일
☐ 눈	☐ 쉬다	☐ 사과
☐ 집	☐ 자작나무	☐ 배
☐ 아파트	☐ 새	☐ 딸기
☐ 건물	☐ 소나무	☐ 달게(다)
☐ 거리	☐ 꽃	☐ 맛있게(다)
☐ 길	☐ 벤치	☐ 파인애플
☐ 대로	☐ 병원	☐ 수박
☐ 다리	☐ 의사	☐ 레몬
☐ 상점	☐ 간호사	☐ 포도
☐ 정류장	☐ 아프게(다)	☐ 바나나
☐ 노점	☐ 종합 병원	☐ 시게(다)
☐ 시장	☐ 약국	☐ 되냐
☐ 백화점	☐ 약	☐ 복숭아
☐ 공원	☐ 약을 복용하다	☐ 체리

문장 말하기 연습!

- ☐ 목걸이를 걸다
- ☐ 신발을 닦다
- ☐ 그는 아빠를 빼닮았다.
- ☐ 그의 아들이 태어났다.
- ☐ 방을 깨끗이 청소하다
- ☐ 옷을 꿰매다
- ☐ 다림질하다
- ☐ 숙제를 하다
- ☐ 문제에 답하다
- ☐ 날씨 정말 좋다!
- ☐ 눈이 오다
- ☐ 새 아파트로 이사하다
- ☐ 시장에서 과일과 채소를 사다
- ☐ 나무를 심다
- ☐ 바다에서 쉬다
- ☐ 벤치에 앉다
- ☐ 나는 아주 아프다.
- ☐ 감기약을 복용하다
- ☐ 아주 맛있다.
- ☐ 레몬을 곁들인 차

문장 말하기 연습 해답!

- ☐ Надеть **ожерелье**.
- ☐ Чистить **обувь**.
- ☐ Он вылитый **папа**.
- ☐ У него родился **сын**.
- ☐ **Чисто** убрать комнату.
- ☐ **Шить** платье.
- ☐ Гладить **утюгом**.
- ☐ Делать **домашнее задание**.
- ☐ Ответить на **вопрос**.
- ☐ Какая хорошая **погода**!
- ☐ Идёт **снег**.
- ☐ Переехать в новую **квартиру**.
- ☐ Купить фрукты и овощи на **рынке**.
- ☐ Посадить **дерево**.
- ☐ **Отдыхать** на море.
- ☐ Сидеть на **скамейке**.
- ☐ Мне очень **больно**.
- ☐ **Принимать лекарство** от простуды.
- ☐ Очень **вкусно**.
- ☐ Чай с **лимоном**.

Day 18 채소

Date.   .   .

01 채소

овощи [오v바쉬]

🎧 신선한 채소
Свежие овощи

채소 수프
Суп из овощей (или овощной суп)

채소 샐러드
Салат из овощей (или овощной салат)

02 당근

морковь [마르꼬fㅍ]

아이들은 당근을 좋아하지 않는다.
Дети не любят морковь.

할머니의 텃밭에 당근이 자란다.
У бабушки в огороде растёт морковь.

올해 우리 *다차에 엄청 큰 당근이 자랐다.
У нас на даче в этом году выросла очень крупная морковь.

* 러시아식 여름 별장 겸 가족 농장

03 옥수수

кукуруза [꾸꾸루z자]

찐 옥수수
Варёная кукуруза

옥수수를 재배하다
Выращивать кукурузу.

나는 옥수수를 좋아하지 않는다.
Мне не нравится кукуруза.

04 토마토 — помидор [빠미도르]

토마토 수프
Суп из помидоров

신선한 토마토
Свежий помидор

토마토는 건강에 좋다.
Помидоры полезны для здоровья.

05 양파 — лук [룩]

양파
Репчатый лук

적양파
Красный лук

양파를 썰다
Резать лук.

06 감자 — картофель [까르또f펠]

구운 감자
Жареный картофель

감자와 치즈가 들어간 파이
Пирог с картофелем и сыром.

감자를 보관하다
Хранить картофель.

07 마늘

чеснок [취쓰녹]

수프에 마늘을 첨가하다
Добавить в суп чеснок.

마늘은 약으로 널리 사용된다.
Чеснок широко используется в медицине.

마늘을 이용한 요리법
Рецепты с чесноком

08 오이

огурец [아구례쯔]

절인 오이
Солёные огурцы

오이를 따다
Рвать огурцы.

봄에 오이를 심었다.
Посадить весной огурцы.

09 버섯

гриб [그립]

독버섯
Ядовитый гриб

버섯을 따다
Собирать грибы.

버섯은 습기가 있지만 따뜻한 날씨에서 잘 자란다.
Грибы хорошо растут при сырой,
но тёплой погоде.

10 호박 — тыква [띄끄v바]

호박씨
Семена тыквы

커다란 호박
Огромная тыква

호박으로 퓨레를 만들다
Приготовить из тыквы пюре.

11 양배추 — капуста [까뿌스따]

절인 양배추
Квашеная капуста

양배추가 들어간 파이
Пирог с капустой

*보르쉬에 양배추 넣는 것을 잊지 마.
Не забудь положить капусту в борщ.

* 러시아식 수프. 붉은색 채소인 비트를 주재료로 다양한 재료를 넣어 끓인다.

12 시금치 — шпинат [쉬삐낫]

시금치 피자
Пицца со шпинатом

🎧 아이들은 시금치를 좋아하지 않는다.
Дети не любят шпинат.

수프에 시금치를 넣고 15분 더 끓이다
В суп нужно добавить шпинат и варить ещё 15 минут.

Day 19 육류·해산물

Date.

01 고기 — мясо [먀싸]

🎧 고기를 볶다
Жарить мясо.

고기를 삶다
Варить мясо.

고기를 사다
Покупать мясо.

02 사다 — покупать [빠꾸빳]

책을 사다
Покупать книги.

생필품을 사다
Покупать продукты.

가게에서 사다
Покупать в магазине.

03 소고기 — говядина [가v뱌디나]

구운 소고기
Жареная говядина

소고기 스테이크
Стейк из говядины

소고기로 요리하다
Приготовить говядину.

04 돼지고기 — свинина [스비니나]

삶은 돼지고기
Варёная свинина

구운 돼지고기
Жареная свинина

돼지고기를 사다
Купить свинину.

05 양고기 — баранина [바라니나]

구운 양고기
Жареная баранина

*양고기 샤슬릭
Шашлык из баранины

양고기를 썰다.
Нарезать баранину.

* 육류, 해산물, 채소 등을 먹기 좋게 잘라 꼬치에 꿰어 구워 먹는 러시아식 꼬치구이

06 닭고기 — курятина, курица [꾸랴띠나, 꾸리짜]

닭고기 육수
Бульон из курятины

구운 닭고기
Жареная курятина

닭고기 커틀릿
Котлеты из курятины

07 달걀   **яйцо** [야이쪼]

신선한 달걀
Свежее яйцо

부활절 달걀
Пасхальное яйцо

🎧 달걀을 삶다
Сварить яйцо.

08 새우   **креветка** [끄리v베트까]

크지 않은 새우
Небольшие креветки

새우 살을 작게 자르다
Мелко нарезать мясо креветок.

나는 새우 알레르기가 있다.
У меня аллергия на креветки.

09 생선, 물고기   **рыба** [리바]

말린 생선
Вяленая рыба

토마토 소스로 양념한 생선
Рыба в томатном соусе.

🎧 생선을 잡다
Ловить рыбу.

10 참치   **тунец** [뚜녜쯔]

참치 요리
Филе тунца

냉동 참치
Замороженный тунец

참치 샌드위치
Сэндвич с тунцом

11 연어   **сёмга** [쏨가]

연어 샐러드
Салат с сёмгой

연어 샌드위치
Бутерброд с сёмгой

연어를 먹다
Есть сёмгу.

12 게   **краб** [끄랍]

게 샐러드
Салат с крабом

게를 먹다
Есть крабов.

게와 새우를 사다
Купить креветок и крабов.

Day 20 취미

Date. . .

01 취미

хобби [호비]

다양한 취미
Разнообразное хобби

🎧 당신의 취미는 무엇입니까?
Какое у вас хобби?

당신의 재미있는 취미에 대해 말해 주세요.
Расскажите о вашем интересном хобби.

02 악기, 도구

инструмент [인스뜨루몐트]

악기
Музыкальный инструмент

전통 악기
Традиционный музыкальный инструмент

악기를 조율하다
Настроить инструмент.

03 피아노

фортепиано [f파르떼삐아노]

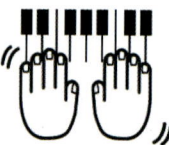

피아노 소리
Звуки фортепиано

나는 피아노를 연주할 수 있다.
Я умею играть на фортепиано.

피아노를 서투르게 연주하다.
Бренчать на фортепиано.

04 연주하다   **играть на чём-то** [이그랏 나 촘따]

기타를 연주하다
Играть на гитаре.

🎧 피아노를 연주하다
Играть на пианино.

바이올린을 연주하다
Играть на скрипке.

05 기타   **гитара** [기따라]

일렉트릭 기타
Электронная гитара

기타를 조율하다
Настроить гитару.

기타 반주에 노래하다
Петь под гитару.

06 바이올린   **скрипка** [스끄립까]

바이올린을 좋아하다
Любить скрипку.

바이올린 연주를 듣다
Слушать скрипку.

바이올린을 조율하다
Настроить скрипку.

07 첼로

виолончель [v비알란첼]

첼로 소리
Звучание виолончели

첼로를 연주하다
Играть на виолончели.

첼로를 손에 쥐다
Взять в руки виолончель.

08 드럼, 북

барабан [바라반]

드럼을 치다
Бить в барабан.

드럼을 연주하다
Играть на барабане.

새 드럼을 사다
Купить новый барабан.

09 읽다

читать [취땃]

책을 읽다
Читать книгу.

🎧 신문을 읽다
Читать газету.

잡지를 읽다
Читать журнал.

10 책 — книга [끄니가]

두꺼운 책
Толстая книга

책을 펴다
Раскрыть книгу.

선반에 책을 놓다
Поставить книгу на полку.

11 소설 — роман [라만]

신간 소설
Новый роман

소설을 읽다
Читать роман.

소설을 쓰다
Писать роман.

12 문학 — литература [리쩨라뚜라]

세계 문학
Зарубежная литература

20세기 문학
Литература 20 века

문학을 공부하다
Заниматься литературой.

Day 21 그림

01 그림을 그리다 — **рисовать** [리싸v밧]

🎧 초상화를 그리다
Рисовать портрет.

물감으로 그리다
Рисовать красками.

수채화로 그리다
Рисовать акварелью.

02 그림 — **картина** [까르띠나]

수채화
Акварельная картина

미술 전시회
Выставка картин

그림을 감상하다
Смотреть картины.

03 화가 — **художник** [후도쥐닉]

풍경화가
Художник-пейзажист

초상화가
Художник-портретист

문예 부흥기의 화가
Художники эпохи возрождения

04 색　　　**цвет** [쯔v벳]

보호색
Защитный цвет

색을 고르다
Подобрать цвета.

그녀의 눈은 무슨 색이니?
Какого цвета у неё глаза?

05 빨간색의　　　**красный** [끄라스늬]

레드와인
Красное вино

빨간 장미
Красные розы

빨간색 색연필
Красный карандаш

06 주황색의　　　**оранжевый** [아란줴v븨]

오렌지 혁명
Оранжевая революция

주황색 불빛
Лампа оранжевого света

주황색 운동 점퍼
Оранжевая спортивная куртка

| 07 | 노란색의 | **жёлтый** [죨띄] |

노란 불빛
Жёлтый огонёк

노란색 물감
Жёлтая краска

노란 *호박
Янтарь жёлтого цвета

* 5000만년 전 송진이 굳어서 된 보석

| 08 | 초록색의 | **зелёный** [z질료늬] |

녹차
Зелёный чай

초록색 천
Зелёная ткань

녹색 불빛
Зелёный огонёк

| 09 | 파란색의 | **синий** [씨니] |

파란 하늘
Синее небо

파란 바다
Синее море

파란 눈
Синие глаза

| 10 | 보라색의 | **фиолетовый** [f피알례따v븨] |

보라색 물감
Фиолетовая краска

보라색 잉크
Фиолетовые чернила

선명한 보라색
Яркий фиолетовый цвет

| 11 | 검은색의 | **чёрный** [쵸르늬] |

홍차
Чёрный чай

검은 눈
Чёрные глаза

시커먼 연기
Чёрный дым

| 12 | 흰색의 | **белый** [벨릐] |

흰 종이
Белая бумага

흰 셔츠
Белая рубашка

🎧 눈처럼 흰
Белый как снег

Day 22 운동

Date. . .

01 운동   спорт [스뽀르뜨]

운동 종목
Виды спорта

수상 운동
Водный спорт

🎧 운동하다
Заниматься спортом.

02 건강   здоровье [z즈다로v브예]

건강 상태
Состояние здоровья

몸을 튼튼히 하다
Укрепить здоровье.

당신의 건강은 어떻습니까?
Как ваше здоровье?

03 다이어트, 식단   диета [디예따]

단식 요법
Голодная диета

다이어트하다
Сидеть на диете.

식단을 지키다
Соблюдать диету.

04 축구 **футбол** [f푸드볼]

축구 경기 티켓
Билет на футбол

축구하러 가다
Пойти на футбол.

🎧 축구 경기를 하다
Играть в футбол.

05 경기장 **стадион** [스따디온]

중앙 경기장
Центральный стадион

올림픽 경기장
Стадион для олимпийских игр

🎧 경기장에 가다
Пойти на стадион.

06 농구 **баскетбол** [바스낏볼]

농구하다
Заниматься баскетболом.

농구 경기를 하다
Играть в баскетбол.

농구에 몰두하다
Увлекаться баскетболом.

07 테니스 — **теннис** [떼니스]

테니스 코트
Площадки для тенниса

테니스 경기를 하다
Играть в теннис.

텔레비전으로 테니스 경기를 보다
Смотреть теннис по телевизору.

08 운동선수 — **спортсмен** [스빠르쯔몐]

유명 운동선수
Известный спортсмен

러시아 운동선수
Русский спортсмен

누가 운동선수니?
Кто спортсмен?

09 배구 — **волейбол** [v발레이볼]

배구 경기
Соревнования по волейболу

배구 경기를 하다
Играть в волейбол.

배구를 좋아하다
Любить волейбол.

10 탁구 — пинг-понг [삔뽄ㄱ]

탁구 경기
Игра в пинг-понг

탁구공
Мячик для пинг-понга

탁구 경기를 하다
Играть в пинг-понг.

11 리듬 체조 — художественная гимнастика
[후도줴스트v벤나야 김나스찌까]

리듬 체조 수업
Занятие по художественной гимнастике

리듬 체조 트레이너
Тренер по художественной гимнастике

리듬 체조 세계 선수권 대회
Чемпионат мира по художественной гимнастике

12 수영 — плавание [쁠라v바니예]

평영
Плавание брассом

수영 경기
Соревнование по плаванию

수영 경기를 하다
Заниматься плаванием.

Day 23 편지

01 친구(남)

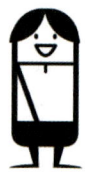

друг [드룩]

소꿉친구
Друг детства

가까운 친구
Близкий друг

진실한 친구
Искенний друг

02 친구(여)

подруга [빠드루가]

학교 친구
Школьная подруга

가까운 친구
Близкая подруга

진실된 친구
Искенняя подруга

03 편지

письмо [삐쓰모]

🎧 편지를 쓰다
Писать письмо.

편지를 읽다
Читать письмо.

편지를 보내다
Отправить письмо.

| 04 | 우체국 | почта [뽀취따] |

우체국장
Директор почты

우체국에 가다
Пойти на почту.

우체국은 어디에 있니?
Где почта?

| 05 | 보내다 | посылать [빠씰랏] |

돈을 보내다
Посылать деньги.

편지를 보내다
Посылать письмо.

소포를 보내다
Посылать посылку.

| 06 | 집배원 | почтальон [뽀취딸ㄹ온] |

집배원은 떠났다.
Ушёл почтальон.

그는 일반 집배원이다.
Он простой почтальон.

아침에 집배원이 편지를 가져왔다.
Утром почтальон принёс письмо.

07 소포

посылка [빠쓸까]

소포를 받다
Получить посылку.

소포를 전하다
Передать посылку.

소포를 보내다
Отправить посылку.

08 봉투

конверт [깐v볘르트]

봉투와 돈
Конверт с деньгами

편지를 봉투 안에 넣다
Вложить письмо в конверт.

편지는 하늘색 봉투 안에 있다.
Письмо в голубом конверте.

09 우표

почтовая марка [빠취또v바야 마르까]

편지에 붙인 우표
Письмо с почтовой маркой

우표를 수집하다
Собирать почтовые марки.

봉투에 우표를 붙이다
Наклеить почтовую марку на конверт.

10 주소   **адрес** [아드리쓰]

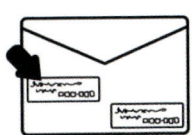

새로운 주소
Новый адрес

집 주소
Домашний адрес

직장 주소
Адрес работы

11 친구들   **друзья** [드루z지야]

가장 가까운 친구들
Самые близкие друзья

떼 놓을 수 없는 친구
Неразлучные друзья

그녀는 친구가 많다.
У неё много друзей.

12 이메일   **электронная почта** [일렉뜨론나야 뽀취따]

내 이메일
Моя электронная почта

이메일의 장점
Достоинства электронной почты

🎧 이메일을 보내다
Отправить электронную почту.

Day 24 만남

Date.

01 전화하다   **звонить** [z즈v바닛]

엄마에게 전화하다
Звонить маме.

전화를 걸다
Звонить по телефону.

내일 나에게 전화해.
Позвони мне завтра.

02 지금   **сейчас** [씨촤쓰]

난 지금 바쁘다.
Сейчас я занят.

지금은 불가능하다.
Сейчас не могу.

난 지금 서울에 산다.
Сейчас я живу в Сеуле.

03 약속   **обещание** [아비샤니예]

굳은 약속
Твёрдое обещание

말로 한 약속
Устное обещание

🎧 약속을 지키다
Исполнить обещание.

04 만나다   **встречать** [f프스뜨례찻]

공항에서 아빠를 만나다
Встречать папу в аэропорту.

지인을 만나다
Встречать знакомого.

동창을 만나다
Встречать своих одноклассников.

05 어제   **вчера** [f프체라]

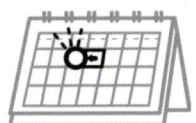

어제 저녁
Вчера вечером

어제는 추웠다.
Вчера было холодно.

어제는 일요일이었다.
Вчера было воскресенье.

06 오늘   **сегодня** [씨v보드냐]

오늘은 월요일이다.
Сегодня понедельник.

오늘은 날씨가 좋다.
Сегодня хорошая погода.

오늘 날씨 어때?
Какая сегодня погода?

07 내일

завтра [z자f프뜨라]

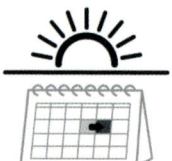

내일 아침
Завтра утром

🎧 내일 시험이 있다.
Завтра будет экзамен.

내일은 화요일이다.
Завтра будет вторник.

08 아침

утро [우뜨라]

아침에
Утром

아침부터 저녁까지
С утра до вечера

좋은 아침이야.(아침 인사)
Доброе утро.

09 일찍

рано [라나]

아침 일찍
Рано утром

일찍 일어나다
Встать рано.

일찍 장가가다
Жениться рано.

10 저녁

вечер [v베체르]

저녁에
Вечером

좋은 저녁이야.(저녁 인사)
Добрый вечер.

저녁이 되었다.
Наступил вечер.

11 밤

ночь [노치]

밤에
Ночью

어두운 밤
Тёмная ночь

백야
Белая ночь

12 늦게

поздно [뽀z즈나]

저녁 늦게
Поздно вечером

늦게 (잠자리에) 눕다
Лечь поздно.

이미 늦었다.
Уже поздно.

Day 25 음식

01 레스토랑 — **ресторан** [리스따란]

최신 유행 레스토랑
Новомодный ресторан

레스토랑은 어디에 있습니까?
Где ресторан?

🎧 레스토랑을 예약하다
Заказать столик в ресторане.

02 주문 — **заказ** [z자까쓰]

특별 주문
Специальный заказ

주문을 넣다
Оформить заказ.

주문을 받다
Получить заказ.

03 음식 — **еда** [이다]

영양가 있는 음식
Питательная еда

식사 도중
Во время еды

식전
Перед едой

04 메뉴

меню [미유]

다양한 메뉴
Разнообразное меню

메뉴를 보다
Просмотреть меню.

아침 메뉴에 달걀 2개와 커피가 포함되어 있다.
В утреннее меню входит два яйца и стакан кофе.

05 빵

хлеб [흘렙]

흑빵
Чёрный хлеб

신선한 빵
Свежий хлеб

버터를 바른 빵
Хлеб с маслом

06 치즈

сыр [씨르]

크림 치즈
Плавленный сыр

치즈 조각
Головка сыра

치즈를 자르다
Нарезать сыр.

07 소시지

колбаса [깔바싸]

삶은 소시지
Варёная колбаса

소시지를 올린 샌드위치
Бутерброд с колбасой

소시지를 자르다
Нарезать колбасу. (Нарежь колбасы)

08 햄버거

гамбургер [감부르게르]

뜨거운 햄버거
Горячий гамбургер

햄을 넣은 햄버거
Гамбургер с ветчиной

햄버거 주세요.
Дайте, пожалуйста, гамбургер.

09 까샤(러시아식 죽)

каша [까샤]

메밀죽
Гречневая каша

우유죽
Молочная каша

호박죽
Каша с тыквой

10 보르쉬

борщ [보르쉬]

우크라이나식 보르쉬
Украинский борщ

차가운 보르쉬
Холодный борщ

나는 보르쉬를 매우 좋아한다.
Мне очень нравится борщ.

11 쉬

щи [쉬]

*쉬를 끓이다
Варить щи.

쉬를 좋아하다
Любить щи.

쉬를 실컷 먹다
Наесться щей.

* 러시아식 수프. 양배추 국물을 주재료로 여러 가지 재료를 넣어 끓인다.

12 샤슬릭

шашлык [샤슬릭]

닭고기 샤슬릭
Шашлык из курицы

양고기 샤슬릭
Шашлык из баранины

돼지고기 샤슬릭
Шашлык из свинины

13 계산서

счёт [숏]

계산서대로
По счёту

계산서대로 계산하다
Платить по счёту.

계산서 주세요.
Счёт, пожалуйста.

14 샌드위치

бутерброд [부떼르브롯]

생선 알을 올린 샌드위치
Бутерброд с икрой

햄을 올린 샌드위치
Бутерброд с ветчиной

아침식사로 커피와 샌드위치가 있다.
На завтрак кофе с бутербродом.

15 뻴메니

пельмени [뻴메니]

*시베리아식 뻴메니
Сибирские пельмени

뻴메니를 빚다
Лепить пельмени.

뻴메니를 삶다
Варить пельмени.

* 러시아식 만두. 고기나 버섯을 다져 양념하여 소를 만든다.

Perfect 단어 학습 Tip

제6탄 죽은 시간 살리는 너무 쉬운 공부법!

회사→집→회사, 집→학교→집 쳇바퀴 도느라 공부할 시간이 없다고요? 반드시 따로 시간을 많이 내야 공부할 수 있는 건 아니랍니다. 무심코 흘러가는 자투리 시간, 놓치지 않을 수 있는 공부 방법을 알려 드릴게요!

공부 방법

1. 출퇴근길, 등하굣길 버스나 지하철에서 MP3 청취하기
2. 안 외워지는 단어나 문장을 사진으로 찍어 휴대폰 배경화면 설정하기
3. 러시아 라디오 및 TV에서 자신의 레벨에 맞는 프로그램 시청하기

* 초급: 대사가 빠르지 않고 간단한 내용의 애니메이션 위주로 처음에는 자막을 보고 시청하다가 반복 시청할 땐 자막 없이 보도록 하자.

* 중급: 짧은 시트콤이나 단막극 위주로 시청하되 대사에 비속어가 많이 등장하는 것은 피한다.

* 고급: 뉴스를 비롯하여 러시아 TV와 라디오를 시청하면서 내용을 파악해 본다. 최대한 아나운서의 정제된 어휘와 표준 발음을 따라 정확하게 말해 본다.

Day 26 디저트

01 카페 — кафе [까f페]

카페는 어디에 있습니까?
Где кафе?

모스크바에 있는 카페
Кафе в Москве

카페에 앉다
Посидеть в кафе.

02 커피 — кофе [꼬f페]

차가운 커피
Холодный кофе

뜨거운 커피
Горячий кофе

설탕을 넣은 커피
Кофе с сахаром

03 디저트 — десерт [디쎄르트]

다양한 디저트
Разнообразные десерты

디저트 없는 점심 식사
Обед без десерта

디저트를 내놓다
Подать десерт.

04 케이크　　**торт** [또르트]

과일 케이크
Фруктовый торт

초콜릿 케이크
Шоколадный торт

🎧 케이크를 굽다
Испечь торт.

05 물　　**вода** [v바다]

물 한 잔
Стакан воды

탄산수
Газированная вода

🎧 물을 마시다
Пить воду.

06 주스　　**сок** [쏙]

사과 주스
Яблочный сок

토마토 주스
Томатный сок

오렌지 주스
Апельсиновый сок

Day26 | 디저트 **131**

07 우유

молоко [말라꼬]

카페라떼
Кофе с молоком

우유를 마시다
Пить молоко.

우유를 끓이다
Кипятить молоко.

08 아이스크림

мороженое [마로쮀나예]

녹은 아이스크림
Растаявшее мороженое

바닐라 아이스크림
Ванильное мороженое

초콜릿 아이스크림
Шоколадное мороженое

09 녹차

зелёный чай [z질료늬 차이]

차가운 녹차
Холодный зелёный чай

생강을 곁들인 녹차
Зелёный чай с имбирём

녹차를 마시다
Пить зелёный чай.

10 홍차 — **чёрный чай** [쵸르늬 차이]

뜨거운 홍차
Горячий чёрный чай

레몬을 곁들인 홍차
Чёрный чай с лимоном

홍차를 마시다
Пить чёрный чай.

11 블린(러시아식 팬케이크) — **блины** [블리늬]

연유를 넣은 블린
Блины со сгущёнкой

햄과 치즈를 넣은 블린
Блины с ветчиной и сыром

초콜릿과 바나나를 넣은 블린
Блины с шоколадом и бананом

12 초콜릿 — **шоколад** [샤깔랏]

다크 초콜릿
Горький шоколад

밀크 초콜릿
Молочный шоколад

땅콩이 들어간 초콜릿
Шоколад с орехами

단어 말하기 연습!

- ☐ 채소
- ☐ 당근
- ☐ 옥수수
- ☐ 토마토
- ☐ 양파
- ☐ 감자
- ☐ 마늘
- ☐ 오이
- ☐ 버섯
- ☐ 호박
- ☐ 양배추
- ☐ 시금치
- ☐ 고기
- ☐ 사다
- ☐ 소고기
- ☐ 돼지고기
- ☐ 양고기
- ☐ 닭고기
- ☐ 계란
- ☐ 새우
- ☐ 생선, 물고기

- ☐ 참치
- ☐ 연어
- ☐ 게
- ☐ 취미
- ☐ 악기, 도구
- ☐ 피아노
- ☐ 연주하다
- ☐ 기타
- ☐ 바이올린
- ☐ 첼로
- ☐ 드럼
- ☐ 읽다
- ☐ 책
- ☐ 소설
- ☐ 문학
- ☐ 그림을 그리다
- ☐ 그림
- ☐ 화가
- ☐ 색
- ☐ 빨간색의
- ☐ 주황색의

- ☐ 노란색의
- ☐ 초록색의
- ☐ 파란색의
- ☐ 보라색의
- ☐ 검은색의
- ☐ 흰색의
- ☐ 운동
- ☐ 건강
- ☐ 다이어트, 식단
- ☐ 축구
- ☐ 경기장
- ☐ 농구
- ☐ 테니스
- ☐ 운동선수
- ☐ 배구
- ☐ 탁구
- ☐ 리듬 체조
- ☐ 수영
- ☐ 친구(남)
- ☐ 편지
- ☐ 우체국

- ☐ 보내다
- ☐ 집배원
- ☐ 소포
- ☐ 봉투
- ☐ 우표
- ☐ 주소
- ☐ 친구(여)
- ☐ 친구들
- ☐ 이메일
- ☐ 전화하다
- ☐ 지금
- ☐ 약속
- ☐ 만나다
- ☐ 어제
- ☐ 오늘
- ☐ 내일
- ☐ 아침
- ☐ 일찍
- ☐ 저녁
- ☐ 밤
- ☐ 늦게

- ☐ 레스토랑
- ☐ 주문
- ☐ 음식
- ☐ 메뉴
- ☐ 빵
- ☐ 치즈
- ☐ 소시지
- ☐ 햄버거
- ☐ 까샤(러시아식 죽)
- ☐ 보르쉬
- ☐ 쉬
- ☐ 샤슬릭
- ☐ 계산서
- ☐ 샌드위치
- ☐ 뻴메니(러시아식 만두)
- ☐ 카페
- ☐ 커피
- ☐ 디저트
- ☐ 케이크
- ☐ 물
- ☐ 주스

- ☐ 우유
- ☐ 아이스크림
- ☐ 녹차
- ☐ 홍차
- ☐ 블린(러시아식 팬케이크)
- ☐ 초콜릿

문장 말하기 연습!

- □ 신선한 채소
- □ 아이들은 시금치를 좋아하지 않는다.
- □ 고기를 볶다
- □ 달걀을 삶다
- □ 생선을 잡다
- □ 당신의 취미는 무엇입니까?
- □ 피아노를 연주하다
- □ 신문을 읽다
- □ 초상화를 그리다
- □ 눈처럼 흰
- □ 운동하다
- □ 축구 경기를 하다
- □ 경기장에 가다
- □ 편지를 쓰다
- □ 이메일을 보내다
- □ 약속을 지키다
- □ 내일 시험이 있다.
- □ 레스토랑을 예약하다
- □ 케이크를 굽다
- □ 물을 마시다

문장 말하기 연습 해답!

- ☐ Свежие **овощи**
- ☐ Дети не любят **шпинат**.
- ☐ Жарить **мясо**.
- ☐ Сварить **яйцо**.
- ☐ Ловить **рыбу**.
- ☐ Какое у вас **хобби**?
- ☐ **Играть** на пианино.
- ☐ **Читать** газету.
- ☐ **Рисовать** портрет.
- ☐ **Белый** как снег
- ☐ Заниматься **спортом**.
- ☐ Играть в **футбол**.
- ☐ Пойти на **стадион**.
- ☐ Писать **письмо**.
- ☐ Отправить **электронную почту**.
- ☐ Исполнить **обещание**.
- ☐ **Завтра** будет экзамен.
- ☐ Заказать столик в **ресторане**.
- ☐ Испечь **торт**.
- ☐ Пить **воду**.

Day 27 영화

Date. . .

---

01 영화관　**кинотеатр** [끼나띠아뜨르]

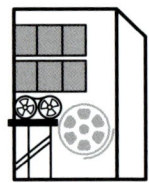

영화관 매표소
Касса кинотеатра

🎧 영화관에 가다
Пойти в кинотеатр.

도시에 새 영화관을 지었다.
В городе построен новый кинотеатр.

---

02 영화 1　**кино** [끼노]

영화제
Кинофестиваль

무성 영화
Немое кино

유성 영화
Звуковое кино

---

03 영화 2　**фильм** [f필름]

만화 영화
Мультфильм

어린이 영화
Детский фильм

영화를 촬영하다
Снимать фильм.

04 관객   зритель [z즈리쩰]

많은 관객
Многие зрители

서커스 관객
Зрители цирка

극장 관객
Театральные зрители

05 극장, 극   театр [띠아뜨르]

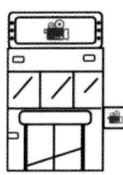

극장에 가다
Пойти в театр.

극장에서 만나다
Встретиться в театре.

극장에 오페라가 공연 중이다.
В театре идёт опера.

06 연극   спектакль [스뻭따끌]

아동극
Детский спектакль

연극의 첫 상연
Премьера спектакля

연극을 보여 주다
Показать спектакль.

07 배우(남)   **актёр** [악쪼르]

유명 배우(남)
Известный актёр

희극 배우(남)
Комический актёр

단역 배우(남)
Актёр на маленьких ролях

08 배우(여)   **актриса** [악뜨리싸]

유명 배우(여)
Известная актриса

희극 배우(여)
Комическая актриса

단역 배우(여)
Актриса на маленьких ролях

09 어둡게(다)   **темно** [찜노]

어두웠다.
Было темно.

🎧 방 안은 어둡다.
В комнате темно.

지나치게 어둡다.
Слишком темно.

10 티켓

билет [빌렛]

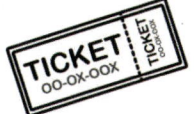

발레 티켓
Билет на балет

🎧 당신은 티켓이 있습니까?
У вас есть билет?

오늘자 연극 티켓
Билет на сегодняшний спектакль

11 박수

хлопанье [흘로빤예]

박수(손뼉)
Хлопанье ладошами

커다란 박수 소리
Громкое хлопанье

박수로 찬성을 표시하다
Выразить одобрение хлопаньем в ладоши.

12 손뼉 치다

хлопать [흘로빳]

세게 손뼉 치다
Сильно хлопать.

오랫동안 박수 치다
Долго хлопать.

배우들에게 박수를 보내다
Хлопать артистам.

Day 28 콘서트

01 콘서트

концерт [깐쩨르트]

음악회
Музыкальный концерт

콘서트 티켓
Билет на концерт

교향악 연주회
Симфонический концерт

02 가수(남)

певец [삐v볘쯔]

유명 가수(남)
Известный певец

오페라 가수(남)
Оперный певец

그는 인기 있는 가수(남)이다.
Он популярный певец.

03 가수(여)

певица [삐v비짜]

유명 가수(여)
Известная певица

오페라 가수(여)
Оперная певица

그녀는 인기 있는 가수(여)이다.
Она популярная певица.

04 노래하다   петь [뼷]

🎧 노래를 잘 부르다
Хорошо петь.

무대에서 노래하다
Петь на сцене.

노래하는 것을 좋아하다
Любить петь.

05 노래   песня [뼤스냐]

러시아 노래
Русская песня

한국 노래
Корейская песня

인기 있는 노래
Популярная песня

06 음악   музыка [무z직까]

민속 음악
Народная музыка

현대 음악
Современная музыка

🎧 음악을 듣다
Слушать музыку.

07 음악가   **музыкант** [무z직깐트]

러시아 음악가
Русский музыкант

고전 음악가
Калассический музыкант

재능 있는 음악가
Талантливый музыкант

08 고전 예술가   **классик** [끌라씩]

고전 작곡가
Композитор-классик

러시아 대문호
Классики русской литературы

고전 예술가의 작품
Произведения русских классиков

09 오페라   **опера** [오뻬라]

오페라 티켓
Билет на оперу

오페라를 듣다
Слушать оперу.

오페라를 쓰다
Написать оперу.

10 춤   **танец** [따녜쯔]

무도회
Вечер танцев

민속 춤
Народный танец

고전 무용
Классический танец

11 춤추다   **танцевать** [딴쯰v밧]

우아하게 춤추다
Грациозно танцевать.

음악에 맞추어 춤추다
Танцевать под музыку.

파트너와 함께 춤추다
Танцевать с партнёром.

12 발레   **балет** [발롓]

러시아 발레
Русский балет

발레 시연회
Репетиция балета

발레를 보다
Смотреть балет.

Day 29 동물원

01 동물원

зоопарк [z자아빠르크]

동물원 견학
Экскурсия в зоопарк

동물원 방문객
Посетители зоопарка

🎧 동물원에 가다
Пойти в зоопарк.

02 동물

животное [쥐v봇나예]

가축
Домашнее животное

🎧 야생 동물
Дикие животные

포유류
Млекопитающее животное

03 호랑이

тигр [띠그르]

호랑이 사육사
Укротитель тигров

아프리카 호랑이
Африканский тигр

호랑이는 산에 서식하고 있다.
Тигры водятся в горах.

04 사자   **лев** [레f프]

사자 사육사
Укротитель львов

힘센 사자
Могучий лев

사자 사냥
Добыча льва

05 보이다, 보다   **видеть** [v비딧]

잘 보이다
Хорошо видеть.

잘 안 보이다
Плохо видеть.

멀리 산이 보이다
Видеть горы вдали.

06 원숭이   **обезьяна** [아비zㅈ야나]

야생 원숭이
Дикие обезьяны

명석한 원숭이
Умные обезьяны

원숭이를 보다
Видеть обезьяну.

| 07 | 기린 | **жираф** [쥐라f프] |

키가 큰 기린
Высокий жираф

기린을 보다
Увидеть жирафа.

기린은 긴 목을 갖고 있다.
У жирафа длинная шея.

| 08 | 말 | **конь** [꼰] |

백마
Белый конь

군마
Боевой конь

야생마
Дикий конь

| 09 | 토끼 | **заяц** [z자이쯔] |

흰 토끼
Белый заяц

토끼털로 만든 모자
Шапка из меха зайца

토끼가 빠르게 뛴다.
Зайцы быстро бегают.

10 곰   медведь [미드v볫ㅈ]

흰 곰
Белый медведь

갈색 곰
Бурый медведь

곰 사육사
Укротитель медведей

11 늑대   волк [v볼크]

늑대 무리
Стая волков

야생 늑대
Дикий волк

회색 늑대
Серый волк

12 코끼리   слон [슬론]

아프리카코끼리
Африканский слон

인도코끼리
Индийский слон

커다란 코끼리
Большой слон

Day 30 학교

Date. . .

01 학생(남)   **школьник** [쉬꼴닉]

5학년 학생(남)
Школьник 5 класса

학생(남)을 위한 옷
Одежда для школьников

학생(남)이 되다
Стать школьником.

02 학생(여)   **школьница** [쉬꼴니짜]

5학년 학생(여)
Школьница 5 класса

학생(여)을 위한 옷
Одежда для школьниц

학생(여)이 되다
Стать школьницей.

03 선생님(남)   **учитель** [우취쩰]

러시아어 선생님(남)
Учитель русского языка

교원(남) 양성
Подготовка учителей

학교에서 선생님(남)으로 일하다
Работать учителем в школе.

04 선생님(여)

учительница [우치쩰니짜]

러시아어 선생님(여)
Учительница русского языка

저학년 선생님(여)
Учительница младших классов

학교에서 선생님(여)으로 일하다
Работать учительницей в школе.

 05 교실, 학년

класс [끌라쓰]

5학년
Пятый класс

교실에 앉다
Сидеть в классе.

교실로 들어가다
Войти в класс.

06 대학생(남)

студент [스뚜덴트]

똑똑한 대학생(남)
Умный студент

외국인 대학생(남)
Иностранный студент

대학생(남)이 되다
Стать студентом.

07 대학생(여)

студентка [스뚜덴트까]

똑똑한 대학생(여)
Умная студентка

외국인 대학생(여)
Иностранная студентка

대학생(여)이 되다
Стать студенткой.

08 교수

профессор [쁘라f페싸르]

유명한 교수
Известный профессор

철학부 교수
Профессор философского факультета

🎧 교수가 대학에서 강의를 한다.
Профессор читает лекцию в университете.

09 강의실

аудитория [아우디또리야]

강의실에서 나오다
Выйти из аудитории.

강의실에서 시험을 보다
Сдать экзамен в аудитоии.

🎧 강의실에서 수업을 듣다
Слушать лекцию в аудитории.

10 도서관 — **библиотека** [비블리아쪠까]

국립 도서관
Государственная библиотека

시립 도서관
Городская библиотека

도서관에서 책을 빌리다
Взять книгу в библиотеке.

11 기숙사 — **общежитие** [압쉐쥐찌예]

대학생 기숙사
Студенческое общежитие

기숙사 규율
Правила проживания в общежитии

🎧 기숙사에 살다
Жить в общежитии.

12 학부 — **факультет** [f파꿀쩻]

법학부
Юридический факультет

인문학부
Гуманитарный факультет

어문학부
Филологический факультет

Day 31 학교·수업

Date. . .

01 유치원 — **детский сад** [데쯔끼 쌋]

사립 유치원
Частный детский сад

공립 유치원
Государственный детский сад

유치원은 아이들을 위한 교육 기관이다.
Детский сад – это образовательное учреждение для детей.

02 학교 — **школа** [쉬꼴라]

초등학교
Начальная школа

중학교
Средняя школа

고등학교
Высшая школа

03 대학교 — **университет** [우니v베르씨쩻]

대학교에 다니다
Ходить в университет.

🎧 대학교에 입학하다
Поступать в университет.

대학교를 졸업하다
Окончить университет.

04 수업

занятие [z자냐찌예]

화학 수업
Занятия по химии

실습
Практические занятия

이른 아침부터 수업이 시작되었다.
С раннего утра начались занятия.

05 시간표

расписание [라스삐싸니예]

수업 시간표
Расписание уроков

기차 시간표
Расписание поездов

시간표대로 일하다
Работать по расписанию.

06 과목

предмет [쁘리드몟]

교육 과목
Учебные предметы

우리는 이론을 가르친다.
Мы преподаём теорию предмета.

수학은 배우기 어려운 과목이다.
Математика – это нелёгкий предмет для изучения.

Day31 | 학교·수업 **155**

07 역사   **история** [이스또리야]

고대사
Древняя история

우리는 한국 역사를 공부한다.
Мы изучаем историю Кореи.

내일 역사 시험이 있다.
Завтра будет экзамен по истории.

08 수학   **математика** [마쩨마찌까]

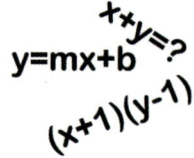

그녀는 수학을 좋아한다.
Она любит математику.

그녀는 수학 시험을 통과했다.
Она сдала экзамен по математике.

그녀는 대학에서 수학을 공부한다.
Она изучает математику в университете.

09 언어   **язык** [이z직]

한국어
Корейский язык

모국어
Родной язык

🎧 우리는 러시아어를 공부한다.
Мы изучаем русский язык.

10 체육　　**физкультура** [f피스꿀뚜라]

체육 시간에
Во время физкультуры

나는 체육을 좋아하지 않는다.
Я не люблю физкультуру.

체육은 스트레스를 이겨 내는 훌륭한 방법이다.
Физкультура – это отличный способ борьбы со стрессом.

11 시험　　**экзамен** [이z그자민]

시험을 준비하다
Готовиться к экзамену.

시험에 통과하다
Сдать экзамен.

🎧 시험을 잘 보다
Хорошо сдать экзамен.

12 방학　　**каникулы** [까니꿀리]

방학은 언제부터입니까?
Когда у вас будут каникулы?

대학생들은 지금 방학이다.
Сейчас у студентов каникулы.

겨울 방학이 빨리 지나갔다.
Зимние каникулы быстро прошли.

Day 32 회사

Date. . .

01 회사 — **компания** [깜빠니야]

주식회사
Акционерная компания

회사의 대표
Директор компании

🎧 회사에서 일하다
Работать в компании.

02 컴퓨터 — **компьютер** [깜쁘유떼르]

개인 컴퓨터
Персональный компьютер

컴퓨터로 일하다
Работать на компьютере.

새 컴퓨터를 사다
Купить новый компьютер.

03 일 — **работа** [라보따]

유익한 일
Полезная работа

출근하다
Идти на работу.

일자리를 찾다
Найти работу.

04 일하다   **работать** [라보땃]

회사에서 일하다
Работать в фирме.

학교에서 일하다
Работать в школе.

선생님으로 일하다
Работать учителем.

05 부서   **отдел** [앗델]

인사부
Отдел кадров

재정부
Финансовый отдел

모든 부서를 지나치다
Пройти все отделы.

06 동료   **коллега** [깔례가]

우리의 동료
Наши коллеги

외국인 동료
Иностранные коллеги

우리는 당신과 동료다.
Мы с вами коллеги.

07 공장

завод [z자봇]

자동차 공장
Автомобильный завод

제철소
Металлургический завод

공장에서 일하다
Работать на заводе.

08 전문가

специалист [스뻬찌알리스트]

전문가 의견
Мнение специалистов

저명한 전문가
Крупный специалист

농업 전문가
Специалист по сельскому хозяйству

09 회의

собрание [싸브라니예]

총회
Общее собрание

회의 중이다
Идёт собрание.

회의를 진행하다
Проводить собрание.

10 서류 — **документ** [다꾸멘트]

중요한 서류
Важный документ

공문서
Официальный документ

🎧 서류를 확인하다
Проверить документы.

11 계약 — **договор** [다가v보르]

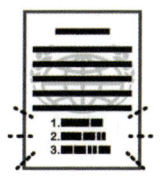

통상 조약
Торговый договор

판매 계약
Договор о продаже

국제 조약
Международный договор

12 고객 — **клиент** [끌리엔트]

은행 고객
Клиент банка

외국인 고객
Иностранный клиент

고객을 담당하다
Принимать клиентов.

Day 33 직업

01 직업

профессия [쁘라f페씨야]

직업을 얻다
Получить профессию.

직업을 바꾸다
Менять профессию.

🎧 그는 직업이 무엇입니까?
Кто он по профессии?

02 사업가

бизнесмен [비z즈니쓰몐]

부유한 사업가
Богатый бизнесмен

성공한 사업가
Успешный бизнесмен

외국인 사업가
Иностранный бизнесмен

03 대통령

президент [쁘리z지덴트]

대통령 선거
Выбор президента

대한민국 대통령
Президент Республики Корея

러시아 연방 대통령
Президент Российской Федерации

04 엔지니어　инженер [인쥐녜르]

기계 엔지니어
Инженер-механик

건축 엔지니어
Инженер-строитель

그의 직업은 엔지니어이다.
Он инженер по профессии.

05 작곡가　композитор [깜빠z지따르]

작곡가의 인생
Жизнь композитора

독일 작곡가
Немецкий композитор

유명한 작곡가
Известный композитор

06 법률가　юрист [유리스트]

군법관
Военный юрист

노동법률가
Юрист по трудовому праву

국제법학자
Юрист по международному праву

07 통역사

переводчик [삐리v봇칙]

영어 통역사
Переводчик с английского языка

통역사로 일하다
Работать переводчиком.

통역사를 통해 묻다
Спросить через переводчика.

08 농부

фермер [f폐르메르]

농부 협회
Союз фермеров

지역 농부
Местный фермер

가난한 농부
Бедный фермер

09 요리사

повар [뽀v바르]

요리사 학교
Школа поваров

요리사 수업
Курсы поваров

레스토랑의 요리사
Ресторанный повар

10 작가   **писатель** [삐싸쩰]

극작가
Писатель-драматург

사실주의 작가
Писатель-реалист

현대 작가
Современный писатель

11 기자   **журналист** [주르날리스트]

스포츠 기자
Спортивный журналист

국제부 기자
Журналист-международник

«ОО» 신문의 기자
Журналист из газеты «ОО»

12 영화감독   **режиссёр** [리쥐쑈르]

위대한 영화감독
Великий режиссёр

저명한 영화감독
Знаменитый режиссёр

영화감독으로 일하다
Работать режиссёром.

Day 34 나라·도시

Date.

01 여행

путешествие [뿌띠쉐스트v비예]

신혼여행
Свадебное путешествие

유럽 여행
Путешествие по Европе

세계 여행
Путешествие вокруг света

02 나라

страна [스뜨라나]

국가의 수반
Глава страны

국가의 영토
Территория страны

자본주의 국가
Капиталистические страны

03 러시아

Россия [라씨야]

러시아의 역사
История России

나는 러시아에서 왔다.
Я из России.

🎧 러시아는 세계에서 가장 큰 나라다.
Россия – самая большая страна в мире.

04 도시 — **город** [고랏]

대도시
Большой город

소도시
Маленький город

도시에 살다
Жить в городе.

05 모스크바 — **Москва** [마스크v바]

모스크바에 살다
Жить в Москве.

모스크바에 가다
Поехать в Москву.

모스크바는 러시아의 수도이다.
Москва – столица России.

06 아시아 — **Азия** [아z지야]

아시아 지도
Карта Азии

동아시아
Восточная Азия

아시아 국가
Страны Азии

07 한국   **Корея** [까례야]

🎧 한국은 나의 조국이다.
Корея – моя родина.

한국의 역사
История Кореи

한국은 동아시아에 위치해 있다.
Корея расположена в Восточной Азии.

08 서울   **Сеул** [씨울]

서울의 명소
Достопримечательности Сеула

서울에 살다
Жить в Сеуле.

서울은 한국의 수도이다.
Сеул – столица Кореи.

09 일본   **Япония** [이뽀니야]

일본의 역사
История Японии

일본의 인구
Население Японии

일본에 살다
Жить в Японии.

10 도쿄　　　　　　**Токио** [토끼오]

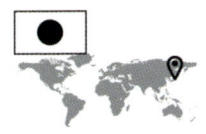

도쿄의 명소
Достопримечательности Токио

도쿄에서 일하다
Работать в Токио.

도쿄는 일본의 수도이다.
Токио – столица Японии.

11 중국　　　　　　**Китай** [끼따이]

중국의 역사
История Китая

중국의 영토
Территория Китая

중국에 살다
Жить в Китае.

12 베이징　　　　　　**Пекин** [뻬낀]

베이징의 명소
Достопримечательности Пекина

베이징에서 일하다
Работать в Пекине.

베이징은 중국의 수도이다.
Пекин – столица Китая

13 미국 — **США** [쓰샤]

미국의 역사
История США

미국은 북아메리카에 있는 국가이다.
США – государство, находящееся на территории Северной Америки.

미국은 전 세계에 커다란 정치, 문화적인 영향을 끼친다.
США имеет наибольшее политическое и культурное влияние в мире.

14 뉴욕 — **Нью-Йорк** [ㄴ유요르크]

뉴욕의 시장
Мэр Нью-Йорка

뉴욕은 전 세계에서 가장 유명한 도시이다.
Нью-Йорк – самый известный город в мире.

'자유의 여신상'은 뉴욕에 있다.
«Статуя свободы» находится в Нью-Йорке.

15 유럽 — **Европа** [이v브로빠]

유럽 연합
Совет Европы

유럽 국가
Страны Европы

유럽에 가다
Поехать в Европу.

Perfect 단어 학습 Tip

제7탄 마인드맵으로 흩어진 단어 정리하기

단어를 많이 외운 것 같은데, 이상하게 말 한마디 하려고 하면 떠오르지 않는다고요? 마인드맵을 활용해서 머릿속 흩어진 단어들을 정리해 보면 어떨까요? 아래와 같이 주제를 먼저 정하고, 떠오르는 단어를 써 봅시다. 연관된 단어들을 확장하여 한눈에 들어오게 정리해 두면 더 기억에 오래 남습니다.

마인드맵

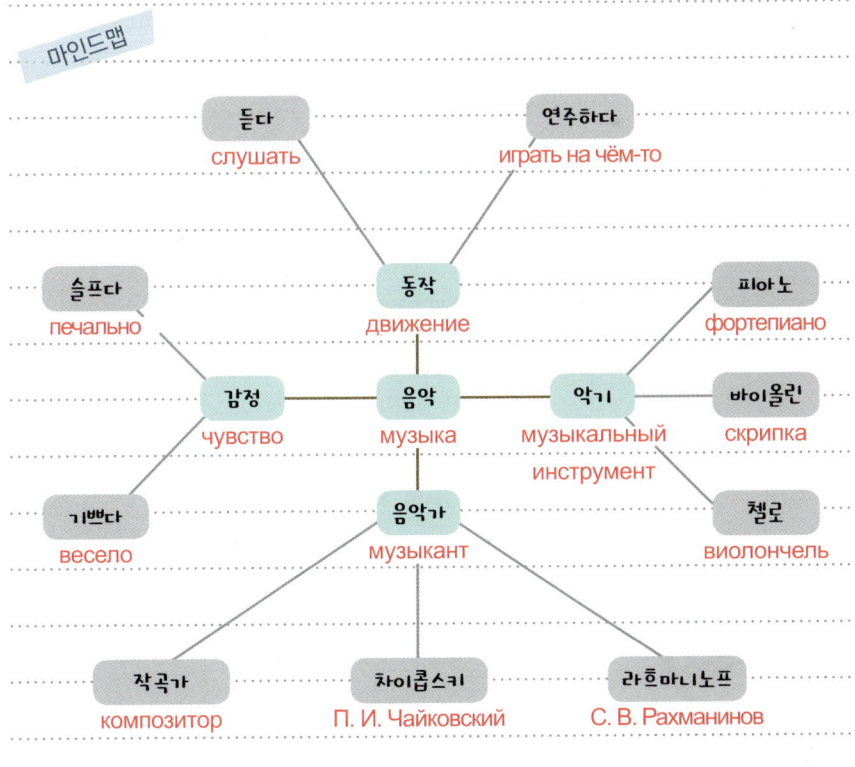

Day 35 소풍

Date. .   .

01 소풍

пикник [삐끄닉]

소풍 가다
Поехать на пикник.

소풍에 초대하다
Пригласить на пикник.

소풍 장소를 고르다
Выбрать место для пикника.

02 바구니

корзина [까르z지나]

사과 두 바구니
Две корзины яблок

바구니를 짜다
Плести корзины.

바구니에 버섯을 모으다
Собрать корзину грибов.

03 샌드위치

сэндвич [쎈드v비치]

샌드위치를 먹다
Съесть сэндвич.

연어 샌드위치를 주문하다
Заказать сэндвич с сёмгой.

샌드위치를 4조각으로 자르다
Разрезать сэндвич на 4 части.

04 자전거　　**велосипед** [v벨라씨뼷]

두발자전거
Двухколёсный велосипед

자전거를 타다
Кататься на велосипеде.

자전거를 발명하다
Изобретать велосипед.

05 산　　**гора** [가라]

산 정상
Вершина горы

🎧 등산하다
Подняться на гору.

산에서 쉬다
Отдыхать в горах.

06 바다　　**море** [모례]

흑해
Чёрное море

🎧 바다에서 수영하다
Купаться в море.

바다 멀리 배가 보인다.
Далеко в море показался корабль.

07 강변 — **берег** [베렉]

강변
Берег реки

해안
Берег моря

강변에 살다
Жить на берегу.

08 호수 — **озеро** [오z제라]

깊은 호수
Глубокое озеро

백조의 호수
Лебединое озеро

호수로 가다
Ходить на озеро.

09 강 — **река** [리까]

강에서 낚시하다
Ловить рыбу в реке.

이 지역에는 강이 많다.
В этом районе много рек.

*아무르강은 러시아에서 가장 긴 강이다.
Амур – самая длинная река в России.

* 러시아와 중국의 국경 부근을 흐르는 강

10 숲   **лес** [레쓰]

소나무 숲
Сосновый лес

숲에서 나오다
Выйти из леса.

숲 뒤로 해가 떠오르다
Встаёт солнце за лесом.

11 들판   **поле** [뽈레]

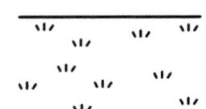

호밀밭
Ржаное поле

목화밭
Хлопковое поле

들판에서 수확물을 옮기다
Вывозить урожай с поля.

12 다차   **дача** [다차]

다차를 얻다
Приобрести дачу.

다차에 가다
Поехать на дачу.

다차에서 쉬다
Отдыхать на даче.

단어 말하기 연습!

- ☐ 영화관
- ☐ 영화1
- ☐ 영화2
- ☐ 관객
- ☐ 극장
- ☐ 연극
- ☐ 배우(남)
- ☐ 배우(여)
- ☐ 어둡게(다)
- ☐ 티켓
- ☐ 박수
- ☐ 손뼉 치다
- ☐ 콘서트
- ☐ 가수(남)
- ☐ 가수(여)
- ☐ 노래하다
- ☐ 노래
- ☐ 음악
- ☐ 음악가

- ☐ 고전예술가
- ☐ 오페라
- ☐ 춤
- ☐ 춤추다
- ☐ 발레
- ☐ 동물원
- ☐ 동물
- ☐ 호랑이
- ☐ 사자
- ☐ 보이다, 보다
- ☐ 원숭이
- ☐ 기린
- ☐ 말
- ☐ 토끼
- ☐ 곰
- ☐ 늑대
- ☐ 코끼리
- ☐ 학생(남)
- ☐ 학생(여)

- ☐ 선생님(남)
- ☐ 선생님(여)
- ☐ 교실, 학년
- ☐ 대학생(남)
- ☐ 대학생(여)
- ☐ 교수
- ☐ 강의실
- ☐ 도서관
- ☐ 기숙사
- ☐ 학부
- ☐ 유치원
- ☐ 학교
- ☐ 대학교
- ☐ 수업
- ☐ 시간표
- ☐ 과목
- ☐ 역사
- ☐ 수학
- ☐ 언어

- ☐ 체육
- ☐ 시험
- ☐ 방학
- ☐ 회사
- ☐ 컴퓨터
- ☐ 일
- ☐ 일하다
- ☐ 부서
- ☐ 동료
- ☐ 공장
- ☐ 전문가
- ☐ 회의
- ☐ 서류
- ☐ 계약
- ☐ 손님
- ☐ 직업
- ☐ 사업가
- ☐ 대통령
- ☐ 엔지니어

- ☐ 작곡가
- ☐ 법률가
- ☐ 통역사
- ☐ 농부
- ☐ 요리사
- ☐ 작가
- ☐ 기자
- ☐ 영화감독
- ☐ 여행
- ☐ 나라
- ☐ 러시아
- ☐ 도시
- ☐ 모스크바
- ☐ 아시아
- ☐ 한국
- ☐ 서울
- ☐ 일본
- ☐ 도쿄
- ☐ 중국

- ☐ 베이징
- ☐ 미국
- ☐ 뉴욕
- ☐ 유럽
- ☐ 야유회
- ☐ 바구니
- ☐ 샌드위치
- ☐ 자전거
- ☐ 산
- ☐ 바다
- ☐ 해안
- ☐ 호수
- ☐ 강
- ☐ 숲
- ☐ 들판
- ☐ 별장

문장 말하기 연습!

- ☐ 영화관에 가다
- ☐ 방 안은 어둡다.
- ☐ 당신은 티켓이 있습니까?
- ☐ 노래를 잘 부르다
- ☐ 음악을 듣다
- ☐ 동물원에 가다
- ☐ 야생동물
- ☐ 강의실에서 수업을 듣다
- ☐ 교수가 대학에서 강의를 한다.
- ☐ 기숙사에 살다
- ☐ 우리는 러시아어를 공부한다.
- ☐ 대학교에 입학하다
- ☐ 시험을 잘 보다
- ☐ 회사에서 일하다
- ☐ 서류를 확인하다
- ☐ 그는 직업이 무엇입니까?
- ☐ 러시아는 세계에서 가장 큰 나라다.
- ☐ 한국은 나의 조국이다.
- ☐ 등산하다
- ☐ 바다에서 수영하다

문장 말하기 연습 해답!

- ☐ Пойти в **кинотеатр**.

- ☐ В комнате **темно**.

- ☐ У вас есть **билет**?

- ☐ Хорошо **петь**.

- ☐ Слушать **музыку**.

- ☐ Пойти в **зоопарк**.

- ☐ Дикие **животные**

- ☐ Слушать лекцию в **аудитории**.

- ☐ **Профессор** читает лекцию в университете.

- ☐ Жить в **общежитии**.

- ☐ Мы изучаем русский **язык**.

- ☐ Поступать в **университет**

- ☐ Хорошо сдать **экзамен**

- ☐ Работать в **компании**.

- ☐ Проверить **документы**.

- ☐ Кто он по **профессии**?

- ☐ **Россия** – самая большая страна в мире.

- ☐ **Корея** – моя родина.

- ☐ Подняться на **гору**.

- ☐ Купаться в **море**.

Day 36 교통수단

Date.

01 교통수단

транспорт [뜨란스빠르트]

시립 교통수단
Городской транспорт

편리한 교통수단
Удобный транспорт

🎧 교통수단을 이용하다
Пользоваться транспортом.

02 버스

автобус [아프또부쓰]

버스를 기다리다
Ждать автобус.

버스를 운전하다
Водить автобус.

버스로 도달하다
Доехать на автобусе.

03 지하철

метро [미뜨로]

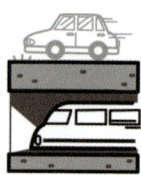

지하철역
Станция метро

모스크바 지하철
Московское метро

지하철을 타고 가다
Ехать на метро.

04 자동차   **машина** [마쉬나]

소방차
Пожарная машина

자동차를 타고 가다
Ехать на машине.

새 자동차를 사다
Купить новую машину.

 05 비행기   **самолёт** [싸말룟]

군용기
Военный самолёт

비행기 티켓
Билет на самолёт

비행기를 타고 가다
Лететь на самолёте.

 06 조종사   **пилот** [삘롯]

숙련된 조종사
Опытный пилот

조종사가 되다
Стать пилотом.

나는 조종사가 되길 꿈꾼다.
Я мечтаю стать пилотом.

07 택시

такси [딱씨]

택시를 부르다
Вызвать такси.

🎧 택시를 잡다
Поймать такси.

전화로 택시를 예약하다
Заказать такси по телефону.

08 택시 기사

таксист [딱씨스트]

택시 기사로 일하다
Работать таксистом.

택시 기사에게 묻다
Спросить у таксиста.

택시 기사에게 상점 앞에서 세워 달라고 요청하다
Попросить таксиста остановиться перед магазином.

09 기차

поезд [뽀이스트]

기차 운행 시간표
Расписание движения поездов

기차에 앉다
Сесть в поезд.

🎧 기차를 타고 가다
Ехать на поезде.

10 전차　　трамвай [뜨람v바이]

전차에 앉다
Сесть в трамвай.

전차를 타고 가다
Ехать в трамвае.

전차가 아직 오지 않았다.
Трамвай ещё не пришёл.

11 (열차의) 칸, 객차　　вагон [v바곤]

기차의 칸
Вагон поезда

열린 칸
Открытый вагон

전차의 칸으로 들어가다
Войти в вагон трамвая.

12 운전사　　водитель [v바디쩰]

버스 운전사
Водитель автобуса

지하철 운전사
Водитель метро

운전사에게 벌금을 물리다
Наложить штраф на водителя.

Day 37 공항

Date.

01 공항

аэропорт [아에라뽀르트]

국제공항
Международный аэропорт

공항 경비
Охрана аэропорта

공항에 도착하다
Приехать в аэропорт.

02 여권

паспорт [빠스빠르트]

여권 번호
Номер паспорта

여권 발급
Выдача паспорта

🎧 여권을 보여 주세요.
Покажите паспорт, пожалуйста.

03 짐

багаж [바가쉬]

가벼운 짐
Лёгкий багаж

짐을 보관하다
Хранить багаж.

수하물을 가지고 가다
Брать с собой багаж.

04 기다리다   **ждать** [쥐닷]

편지를 기다리다
Ждать писем.

🎧 오랫동안 기다리다
Долго ждать.

자신의 순서를 기다리다
Ждать своей очереди.

05 캐리어   **чемодан** [치마단]

캐리어를 쌓아 두다
Укладывать чемодан.

무거운 캐리어를 가져오다
Нести тяжёлый чемодан.

자물쇠로 캐리어를 잠그다
Закрыть чемодан на замки.

06 무게   **вес** [v베쓰]

총량
Общий вес

물건의 무게
Вес товара

무게를 달아 팔다
Продавать на развес.

07 돈   деньги [뎬기]

지폐
Бумажные деньги

돈을 잃다
Тратить деньги.

월급을 받다
Получить деньги за работу.

08 루블(러시아 화폐 단위)   рубль [루블]

기념 화폐
Юбилейный рубль

200루블을 지불하다
Заплатить двести рублей.

500루블에 물건을 사다
Купить продуктов на пятьсот рублей.

09 이륙   взлёт [v브슬룟]

이륙의 순간
Момент взлёта

이륙을 위한 공간
Площадка для взлёта самолётов

이륙을 허가하다
Разрешать взлёт.

10 착륙

посадка [빠싸트까]

착륙장
Место посадки

착륙 시간
Время посадки

착륙하다
Сделать посадку.

11 승무원

стюардесса [스뜌아르데싸]

승무원을 위한 공간
Помещение для стюардесс

승무원을 부르다
Вызвать стюардессу.

승무원에게 물을 가져다 달라고 요청하다
Попросить стюардессу принести воды.

12 승객

пассажир [빠싸쥐르]

대합실
Зал для пассажиров

1등석 승객
Пассажир первого класса

항공편 승객 명단
Список пассажиров рейса

Day 38 관광

01 관광

туризм [뚜리즘]

관광의 중심지
Центр туризма

도보 관광
Пеший туризм

관광업의 발전
Развитие туризма

02 관광객

турист [뚜리스트]

외국인 관광객
Иностранные туристы

관광 가이드
Экскурсовод для туристов

다수의 관광객
Большое количество туристов

03 붉은 광장

Красная площадь [끄라스나야 쁠로쉬즈]

*붉은 광장을 산책하다
Гулять по Красной площади.

🎧 붉은 광장은 어떻게 가나요?
Как доехать до Красной площади?

붉은 광장은 모스크바 중심에 위치해 있다.
Красная площадь расположена в центре Москвы.

* 러시아 모스크바의 크렘린 궁전 동쪽에 있는 노천 광장

04 사진 — **фотография** [f파따그라f피야]

가족 사진
Семейная фотография

결혼 사진
Свадебная фотография

벽에 사진이 걸려 있다.
На стене висит фотография.

05 외국인 — **иностранец** [이나스뜨라녜쯔]

외국인을 위한 교과서
Учебник для иностранцев

거리에서 외국인을 보다
Видеть иностранцев на улице.

여기는 많은 외국인이 일하고 있다
Здесь работает множество иностранцев.

06 가이드 — **гид** [깃]

가이드의 목소리
Голос гида

전문 가이드
Профессиональный гид

가이드가 러시아에 대해 이야기한다.
Гид рассказывает о России.

07 볼쇼이 극장

Большой театр [발쇼이 띠아뜨르]

*볼쇼이 극장에 가다
Пойти в Большой театр.

볼쇼이 극장은 모스크바 중심에 있다.
Большой театр находится в центре Москвы.

볼쇼이 극장은 오페라와 발레 극장이다.
Большой театр – это театр оперы и балета.

* 러시아 모스크바에 있는 국립 극장. 전속 발레단, 오페라단, 관현악단을 두고 있다.

08 박물관

музей [무z제이]

역사 박물관
Исторический музей

박물관에 가다
Ходить в музей.

박물관에 자주 가다
Часто бывать в музеях.

09 입구

вход [v브홋]

정문
Главный вход

입구를 닫다
Закрыть вход.

🎧 지하철 입구에서 만나다
Встретиться у входа в метро.

10 출구   **выход** [v븨헛]

지하철 출구
Выход из метро

비상구
Запасной выход

출구에 서 있다.
Стоять у выхода.

11 매표소   **касса** [까싸]

매표소 줄
Очередь в кассу

극장 매표소
Театральная касса

매표소에서 표를 사다
Купить билеты в кассе.

12 전시회   **выставка** [v븨스따f프까]

전시회에 가다
Пойти на выставку.

전시회를 관람하다
Посмотреть выставку.

박물관에 새로운 전시회가 열렸다.
В музее открылась новая выставка.

Day 39 기념품

01 기념품

сувенир [쑤v비니르]

러시아 기념품
Русский сувенир

기념품 가게
Магазин сувениров

기념품을 받다
Получить сувенир.

02 마트료시카

матрёшка [마뜨료쉬까]

8개의 인형이 들어 있는 마트료시카
Матрёшка из восьми кукол

마트료시카를 모으다
Собрать матрёшку.

마트료시카를 꾸미다
Расписать матрёшку.

03 선물

подарок [빠다락]

작은 선물
Маленький подарок

선물을 받다
Получить подарок.

선물을 준비하다
Приготовить подарок.

04 선물하다 **дарить** [다릿]

기념으로 선물하다
Дарить на память.

딸에게 인형을 선물하다
Дарить дочери куклу.

손님에게 꽃을 선물하다
Дарить гостю цветы.

05 사기, 도자기 **фарфор** [f파르f포르]

도자기 가게
Магазин фарфора

자기로 만든 꽃병
Ваза из фарфора

사기로 된 잔에 커피를 마시다
Пить кофе из фарфора.

06 사모바르 **самовар** [싸마v바르]

*기념품 사모바르
Сувенирный самовар

사모바르가 끓다
Самовар кипит.

사모바르를 놓다
Поставить самовар.

* 러시아의 전통 주전자

07 비싸게(다)   **дорого** [도라가]

비싸게 사다
Дорого купить.

비싸게 팔다
Дорого продавать.

비싼 가격을 지불하다
Дорого заплатить.

08 싸게(다)   **дёшево** [됴쉐v바]

싸게 사다
Дёшево купить.

싸게 팔다
Дёшево продавать.

싼 가격을 지불하다
Дёшево заплатить.

09 알코올(술)   **алкоголь** [알까골]

알코올(술) 금지
Запрет алкоголя

알코올(술) 소비
Потребление алкоголя

알코올(술)이 담긴 통
Бочка с алкоголем

10 보드카   **водка** [v보트까]

러시아 보드카
Русская водка

보드카 몇 잔
Несколько рюмок водки

🎧 보드카를 마시다
Пить водку.

11 와인   **вино** [v비노]

레드와인
Красное вино

화이트와인
Белое вино

와인을 마시다
Пить вино.

12 맥주   **пиво** [삐v바]

흑맥주
Тёмное пиво

생맥주
Разливное пиво

병맥주
Бутылочное пиво

Day 40 숫자

Date.

---

01 숫자

цифра [찌f프라]

로마 숫자
Римские цифры

아라비아 숫자
Арабские цифры

숫자로 표시하다
Выражать в цифрах.

---

02 0

ноль [놀]

0도
Ноль градусов

0으로 나누다
Разделить на ноль.

숫자 0을 쓰다
Написать цифру ноль.

---

03 1

один [아딘]

1시
Один час

딸 1명
Одна дочь

사람 1명
Один человек

| 04 | **2** | **два** [드v바] |

표 2장
Два билета

격일로
Каждые два дня

2명의 소녀
Две девочки

| 05 | **3** | **три** [뜨리] |

3번 버스
Автобус номер три

3까지 세다
Считать до трёх.

🎧 시계가 3시 정각을 나타낸다.
Часы показывают ровно три.

| 06 | **4** | **четыре** [취띄리] |

4일
Четыре дня

4권의 책
Четыре книги

4채의 새집
Четыре новых дома.

Day40 | 숫자 **197**

07   5   **пять** [빳쯔]

펜 5개
Пять ручек

5개의 층
Пять этажей

다섯 손가락
Пять пальцев

08   6   **шесть** [쉐스쯔]

찻잔 6개
Шесть чашек

사탕 6개
Шесть конфет

6명의 가족
Семья из шести человек

09   7   **семь** [쎔]

7일
Семь дней

컵 7개
Семь стаканов

사람 7명
Семь человек

| 10 | 8 | **восемь** [v보씸] |

8까지
До восьми

8미터
Восемь метров

8퍼센트
Восемь процентов

| 11 | 9 | **девять** [데v뱟] |

9시
Девять часов

연필 9자루
Девять карандашей

대학생 9명
Девять студентов

| 12 | 10 | **десять** [데씻] |

10살
Десять лет

10분
Десять минут

십중팔구
В девяти случаях из десяти

13 100

сто [스또]

100루블
Сто рублей

여기서부터 100걸음 떨어진 곳에
В ста шагах отсюда

🎧 100까지 세다
Считать до ста.

---

14 더하기

плюс [쁠류쓰]

2 더하기 3
Два плюс три

5 더하기 9
Пять плюс девять

더하기 기호를 달다
Поставить плюс.

---

15 빼기

минус [미누쓰]

8 빼기 5
Восемь минус пять

10 빼기 1
Десять минус один

빼기 기호를 달다
Поставить минус.

Perfect 단어 학습 Tip

제8탄 짝이 되는 표현 통으로 암기하기

단어도 많고, 각 단어별로 뜻도 많아서 외울 게 너무 많다고요? 짝을 이루어 자주 함께 쓰이는 단어들을 통으로 외우면 한꺼번에 많은 단어를 외울 수 있고, 회화 능력도 빠르게 향상되어 일석이조입니다. 아래의 예와 같이 적용해 보세요.

통암기

동사 играть의 뜻은 '연주하다', '운동 경기를 하다', '놀다' 등이 있습니다.

각 뜻에 목적어나 부사어로 연결할 수 있는 단어를 묶어서

'играть на виолончели 첼로를 연주하다'

'играть в футбол 축구 경기를 하다'

'играть в парке 공원에서 놀다'와 같이 통암기해 보세요.

Day 41 날짜

Date. . .

01 년, 해

год [곳]

매년
Каждый год

첫해
Первый год

내년
Следующий год

02 월

месяц [몌쎄쯔]

매월
Каждый месяц

월말에
В конце месяца

월간 계획
План на месяц

03 낮, 일

день [뎬]

오후 1시
В час дня

하루 종일
Весь день

좋은 날이에요. (오후 인사)
Добрый день.

04 | **1월** | **январь** [인v바르]

1월 초에
В начале января

아주 추운 1월
Морозный январь

오늘은 1월 1일이다.
Сегодня первое января.

05 | **2월** | **февраль** [ф피v브랄]

2월 말에
В конце февраля

오늘은 2월 2일이다.
Сегодня второе февраля.

*2월 23일은 조국 수호의 날이다.
Двадцать третье февраля –
День защитника Отечества.

* '붉은 군대' 창설 기념일에서 유래한 러시아의 공휴일

06 | **3월** | **март** [마르트]

3월 계획
Планы на март

🎧 3월은 봄의 시작이다.
Март – это начало весны.

3월 8일은 국제 여성의 날이다.
Восьмое марта – международный женский день.

07 4월

апрель [아쁘롈]

선선한 4월
Прохладный апрель

4월에 휴가를 가다
Пойти в отпуск в апреле.

4월 1일은 만우절이다.
Первое апреля – день дурака.

08 5월

май [마이]

5월에
В мае

5월 1일 기념일
Праздник первого мая

*5월 9일은 승전 기념일이다.
Девятое мая – день победы.

* 제2차 세계 대전에서 러시아의 승리를 기념하는 공휴일

09 6월

июнь [이윤]

비가 많이 오는 6월
Дождливый июнь

🎧 나는 6월 24일에 태어났다.
Я родилась двадцать четвёртого июня.

*6월 12일은 러시아의 날(러시아의 공휴일)이다.
Двенадцатое июня – день России.

* 구소련이 해체되고 러시아 연방이 설립된 날에서 유래한 공휴일

10 7월 **июль** [이율]

7월의 휴가
Отпуск в июле

7월 2일 자 신문
Газета от втрого июля

오늘은 7월 10일이다.
Сегодня десятое июля.

11 8월 **август** [아v브구스트]

8월 1일
Первое августа

8월분 임금
Зарплата за август

8월의 일기 예보
Прогноз погоды на август.

12 9월 **сентябрь** [씬쨔브르]

9월 말에
В конце сентября

9월은 가을의 시작이다.
Сентябрь – начало осени.

새 학기가 9월에 시작한다.
Новый учебный год начинается в сентябре.

13. 10월 — **октябрь** [악쨔브르]

10월 초에
В начале октября

지난 10월에
В прошлом октябре

8월부터 10월까지
С начала августа до конца октября

14. 11월 — **ноябрь** [나야브르]

올 11월에
В этом ноябре

11월의 첫 주에
На первую неделю ноября

오늘은 11월 9일이다.
Сегодня девятое ноября.

15. 12월 — **декабрь** [디까브르]

작년 12월에
В декабре прошлого года

🎧 12월 내내 눈이 왔다.
Весь декабрь шёл снег.

12월에 새 영화가 개봉한다.
В декабре выйдет первый фильм.

Perfect 단어 학습 Tip

제9탄 한국어야? 러시아어야?

러시아어 단어 중에는 발음이 마치 한국어처럼 들리는 단어들이 있는데요, 한국어인지 러시아어인지 듣기만 해서는 모르겠죠? 어떤 것들이 있는지 알아볼까요?

어휘

'나'를 뜻하는 인칭대명사 Я [야]

'응', '네'를 뜻하는 да [다]

'발', '다리'를 뜻하는 нога [나가]

'그들'을 뜻하는 인칭대명사 они [아니]

'산'을 뜻하는 гора [가라]

Day 42 기념일

Date.

---

01 주

неделя [니델랴]

다음 주에
Через неделю

1주일간
В течение недели

1주일에 두 번
Два раза в неделю

02 명절, 휴일

праздник [쁘라z즈닉]

🎧 명절을 기념하다
Отмечать праздник.

명절, 기념일을 축하하다
Поздравить с праздником.

가게들은 명절마다 열지 않는다.
По праздникам магазины закрыты.

03 일요일

воскресенье [v바스끄리쎈예]

일요일을 기다리다
Ждать воскресенья.

일요일에 다차에 가다
Поехать на дачу в воскресенье.

일요일마다 교회에 가다
Ходить в церковь по воскресеньям.

04 월요일 — **понедельник** [빠니델닉]

월요일 아침
Утро понедельника

월요일에 전화하다
Позвонить в понедельник.

월요일에 경기장에 가다
Пойти на стадион в понедельник.

05 화요일 — **вторник** [f프또르닉]

화요일에
Во вторник

오늘은 화요일이다.
Сегодня вторник.

다음 화요일에
В следующий вторник

06 수요일 — **среда** [쓰리다]

수요일 계획
План на среду

다음 주 수요일에
В среду на следующей неделе

수업을 수요일로 옮겼다.
Занятия перенесли на среду.

07 목요일

четверг [취뜨v볘르크]

목요일마다
По четвергам

이번 주 목요일
Четверг этой недели

목요일 시간표
Расписание на четверг

08 금요일

пятница [뺫뜨니짜]

이번 금요일에
В эту пятницу

금요일 저녁에
В пятницу вечером

다음 금요일에
В будущую пятницу

09 토요일

суббота [쑤보따]

토요일 날씨
Погода на субботу

달의 첫 번째 토요일
Первая суббота месяца

금요일에서 토요일로 넘어가는 밤
Ночь с пятницы на субботу

10 새해　**Новый год** [노v븨 곳]

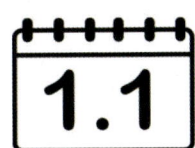

🎧 새해 복 많이 받으세요!
С Новым годом!

새해 첫 아침에
В перое утро Нового года

새해에는 당신에게 성공적인 일만 가득하길!
Удачного вам Нового года!

11 성탄절　**Рождество** [라쥬데스트v보]

🎧 메리 크리스마스!
С Рождеством!

성탄절 선물
Подарок к Рождеству

러시아는 크리스마스를 1월 7일에 기념한다.
Рождество в России отмечается 7 января.

12 여성의 날　**Женский день** [줸스끼 뎬]

여성의 날을 기념하다
Отмечать Женский день.

여성의 날을 축하하다
Поздравить с Женским днём.

3월 8일은 국제 여성의 날이다.
8 марта – Международный женский день.

Day 43 감정

Date.

---

01 감정

чувство [추스트v바]

감정을 불러일으키다
Вызвать чувства.

자신의 감정을 숨기다
Скрыть свои чувства.

자신의 감정을 터놓다
Открыть свои чувства.

---

02 슬픔

горе [고레]

깊은 슬픔
Глубокое горе

슬픔을 느끼다
Испытать горе.

슬픔을 동정하다
Сочувствовать горю.

---

03 눈물

слёзы [슬료지]

슬픔의 눈물
Горькие слёзы

기쁨의 눈물
Слёзы радости

두 눈에 눈물이 가득한 채로
Со слезами на глазах

04 사랑　　любовь [류보f프]

조국애
Любовь к родине

첫사랑
Первая любовь

영원한 사랑
Вечная любовь

05 행복　　счастье [샤스찌예]

개인의 행복
Личное счастье

가족의 행복
Семейное счастье

행복을 바라다
Желать счастья.

06 우정　　дружба [드루쥐바]

끈끈한 우정
Крепкая дружба

우호 조약
Договор о дружбе

어린 시절부터의 우정
Дружба с детства

07 믿음   **вера** [v베라]

신에 대한 믿음
Вера в Бога

승리에 대한 믿음
Вера в победу

사람들에 대한 믿음
Вера в людей

08 기쁨   **радость** [라다스쯔]

기쁨을 갖고
С радостью

커다란 기쁨
Большая радость

기뻐서 울다
Плакать от радости.

09 재미있게(다)   **интересно** [인떼레쓰나]

재미있니?
Это интересно?

상당히 재미있다
Достаточно интересно.

🎧 재미있게 시간을 보내다
Интересно провести время.

10 지루하게(다)   **скучно** [스꾸쉬나]

나는 지루하다.
Мне скучно.

지루하게 살다
Скучно жить.

여기는 무척 지루하다.
Здесь очень скучно.

11 시끄럽게(다)   **шумно** [슘나]

거세게 저항하다
Шумно протестовать.

시끄럽게 대화하다
Шумно разговаривать.

거기는 시끄럽고 사람이 많다.
Там шумно и многолюдно.

12 평온하게(다)   **спокойно** [스빠꼬이나]

평온하게 살다
Спокойно жить.

평온하게 서 있다
Спокойно стоять.

평온하게 이야기하다
Спокойно разговаривать.

Day 44 성격

Date.

01 성격
характер [하락쩨르]

침착한 성격
Спокойный характер

결단력 있는 성격
Решительный характер

🎧 그는 어떤 성격의 사람이니?
Какой у него характер?

02 착한, 좋은
добрый [도브리]

선한 충고
Добрый совет

착한 마음
Доброе сердце

좋은 사람
Добрый человек

03 충실한, 성실한
преданный [쁘례단늬]

성실한 제자
Преданные ученики

성실한 동료
Преданный товарищ

믿음직한 우정
Преданная дружба

04 진실한   **искренний** [이스끄린니]

진실한 친구
Искренний друг

진실한 사람
Искренний человек

진실한 축하
Искреннее поздравление

05 용감한   **смелый** [스멜리]

용감한 생각
Смелая мысль

용감한 영웅
Смелый герой

용감한 행동
Смелый поступок

06 나쁜   **плохой** [쁠라호이]

나쁜 날씨
Плохая погода

나쁜 성격
Плохой характер

불충분한 휴식
Плохой отдых

07 멍청한 глупый [글루쁘이]

멍청한 질문
Глупый вопрос

멍청한 사람
Глупый человек

이런 멍청한 소년!
Какой глупый мальчик!

08 똑똑한 умный [움늬]

똑똑한 아들
Умный сын

똑똑한 개
Умная собака

똑똑한 시선
Умный взгляд

09 게으른 ленивый [리니v븨]

게으른 학생
Ленивый ученик

게으른 동료
Ленивый сотрудник

게으른 걸음걸이
Ленивая походка

10 평범한 — **простой** [쁘라스또이]

평범한 일
Простое дело

평범한 과제
Простое задание

평범한 결정
Простое решение

11 우울한 — **грустный** [그루스늬]

🎧 우울한 날
Грустный день

우울한 노래
Грустная песня

우울한 아이
Грустный ребёнок

12 발랄한 — **энергичный** [에네르기취늬]

발랄한 얼굴
Энергичное лицо

생기 있는 눈
Энергичные глаза

활동적인 성격
Энергичный характер

단어 말하기 연습!

- ☐ 교통수단
- ☐ 버스
- ☐ 지하철
- ☐ 자동차
- ☐ 비행기
- ☐ 조종사
- ☐ 택시
- ☐ 택시 기사
- ☐ 기차
- ☐ 전차
- ☐ (열차의) 칸, 객차
- ☐ 운전사
- ☐ 공항
- ☐ 여권
- ☐ 짐
- ☐ 기다리다
- ☐ 캐리어
- ☐ 무게
- ☐ 돈

- ☐ 루블(러시아 화폐 단위)
- ☐ 이륙
- ☐ 착륙
- ☐ 승무원
- ☐ 승객
- ☐ 관광
- ☐ 관광객
- ☐ 붉은 광장
- ☐ 사진
- ☐ 외국인
- ☐ 가이드
- ☐ 볼쇼이 극장
- ☐ 박물관
- ☐ 입구
- ☐ 출구
- ☐ 매표소
- ☐ 전시회
- ☐ 기념품
- ☐ 마트료시카

- ☐ 선물
- ☐ 선물하다
- ☐ 도자기
- ☐ 사모바르
- ☐ 비싸게(다)
- ☐ 싸게(다)
- ☐ 알코올(술)
- ☐ 보드카
- ☐ 와인
- ☐ 맥주
- ☐ 숫자
- ☐ 0
- ☐ 1
- ☐ 2
- ☐ 3
- ☐ 4
- ☐ 5
- ☐ 6
- ☐ 7

- ☐ 8
- ☐ 9
- ☐ 10
- ☐ 100
- ☐ 더하기
- ☐ 빼기
- ☐ 년, 해
- ☐ 월
- ☐ 낮, 일
- ☐ 1월
- ☐ 2월
- ☐ 3월
- ☐ 4월
- ☐ 5월
- ☐ 6월
- ☐ 7월
- ☐ 8월
- ☐ 9월
- ☐ 10월

- ☐ 11월
- ☐ 12월
- ☐ 주
- ☐ 명절, 휴일
- ☐ 일요일
- ☐ 월요일
- ☐ 화요일
- ☐ 수요일
- ☐ 목요일
- ☐ 금요일
- ☐ 토요일
- ☐ 새해
- ☐ 성탄절
- ☐ 여성의 날
- ☐ 감정
- ☐ 슬픔
- ☐ 눈물
- ☐ 사랑
- ☐ 행복

- ☐ 우정
- ☐ 믿음
- ☐ 기쁨
- ☐ 재미있게(다)
- ☐ 지루하게(다)
- ☐ 시끄럽게(다)
- ☐ 평온하게(다)
- ☐ 성격
- ☐ 착한, 좋은
- ☐ 충실한, 성실한
- ☐ 진실한
- ☐ 용감한
- ☐ 나쁜
- ☐ 멍청한
- ☐ 똑똑한
- ☐ 게으른
- ☐ 평범한
- ☐ 우울한
- ☐ 발랄한

문장 말하기 연습!

- ☐ 교통수단을 이용하다
- ☐ 택시를 잡다
- ☐ 기차를 타고 가다
- ☐ 여권을 보여 주세요.
- ☐ 오랫동안 기다리다
- ☐ 붉은 광장은 어떻게 가나요?
- ☐ 지하철 입구에서 만나다
- ☐ 선물을 받다
- ☐ 보드카를 마시다
- ☐ 시계가 3시 정각을 나타낸다.
- ☐ 100까지 세다
- ☐ 3월은 봄의 시작이다.
- ☐ 나는 6월 24일에 태어났다.
- ☐ 12월 내내 눈이 왔다.
- ☐ 명절을 기념하다
- ☐ 새해 복 많이 받으세요!
- ☐ 메리 크리스마스!
- ☐ 재미있게 시간을 보내다.
- ☐ 그는 어떤 성격의 사람이니?
- ☐ 우울한 날

- ☐ Пользоваться **транспортом**.
- ☐ Поймать **такси**.
- ☐ Ехать на **поезде**.
- ☐ Покажите **паспорт**, пожалуйста.
- ☐ Долго **ждать**.
- ☐ Как доехать до **Красной площади**?
- ☐ Встретиться у **входа** в метро.
- ☐ Получить **подарок**.
- ☐ Пить **водку**.
- ☐ Часы показывают ровно **три**.
- ☐ Считать до **ста**.
- ☐ **Март** – это начало весны.
- ☐ Я родилась двадцать четвёртого **июня**.
- ☐ Весь **декабрь** шёл снег.
- ☐ Отмечать **праздник**.
- ☐ С **Новым годом**!
- ☐ С **Рождеством**!
- ☐ **Интересно** провести время.
- ☐ Какой у него **характер**?
- ☐ **Грустный** день

Day 45 종합 평가

Date.   .   .

*정답은 시원스쿨 러시아어(russia.siwonschool.com) 공부자료실에서 확인하실 수 있습니다.

✓ 학습한 단어를 최종 점검해 보세요!

Day 2~5	Day 6~8	Day 9~12
☐ лицо	☐ ложка	☐ кольцо
☐ тело	☐ вилка	☐ очки
☐ живот	☐ холодильник	☐ обувь
☐ рот	☐ посуда	☐ ремень
☐ ванная	☐ кухня	☐ семья
☐ туалет	☐ соль	☐ родители
☐ горячо	☐ масло	☐ сын
☐ комната	☐ мёд	☐ дочь
☐ окно	☐ сахар	☐ чисто
☐ календарь	☐ шкаф	☐ бумага
☐ лампа	☐ одежда	☐ шить
☐ смотреть	☐ пальто	☐ трудно
☐ газета	☐ рубашка	☐ вопрос
☐ ваза	☐ шапка	☐ учебник
☐ слушать	☐ носки	☐ ручка

- ☑ 1-20개 맞힘   앞으로 돌아가서 다시 공부해 보세요!
- ☑ 21-40개 맞힘   잘했어요! 좀 더 노력해 볼까요?
- ☑ 40개 이상 맞힘 아주 잘했어요! 아쉽게 틀린 단어는 꼭 암기해 보세요!

Day 13~15	Day 16~19	Day 20~22
☐ весна	☐ больница	☐ инструмент
☐ погода	☐ врач	☐ гитара
☐ ветер	☐ аптека	☐ читать
☐ лето	☐ лекарство	☐ книга
☐ дождь	☐ простуда	☐ роман
☐ небо	☐ фрукты	☐ литература
☐ холодно	☐ яблоко	☐ скрипка
☐ дом	☐ ананас	☐ жёлтый
☐ здание	☐ вкусно	☐ синий
☐ улица	☐ вишня	☐ чёрный
☐ дорога	☐ овощи	☐ рисовать
☐ магазин	☐ морковь	☐ картина
☐ остановка	☐ картофель	☐ художник
☐ квартира	☐ капуста	☐ белый
☐ парк	☐ шпинат	☐ красный
☐ дерево	☐ мясо	☐ спорт
☐ гулять	☐ покупать	☐ здоровье
☐ отдыхать	☐ яйцо	☐ футбол
☐ природа	☐ рыба	☐ стадион
☐ цветы	☐ говядина	☐ теннис

☑ **1-25개 맞힘**　앞으로 돌아가서 다시 공부해 보세요!
☑ **26-50개 맞힘**　잘했어요! 좀 더 노력해 볼까요?
☑ **50개 이상 맞힘**　아주 잘했어요! 아쉽게 틀린 단어는 꼭 암기해 보세요!

학습한 단어를 최종 점검해 보세요!

Day 23~26	Day 27~29	Day 30~33
☐ друг	☐ фильм	☐ учитель
☐ письмо	☐ зритель	☐ студент
☐ посылать	☐ театр	☐ аудитория
☐ конверт	☐ спектакль	☐ библиотека
☐ почта	☐ актёр	☐ общежитие
☐ звонить	☐ темно	☐ школа
☐ сейчас	☐ билет	☐ университет
☐ сегодня	☐ концерт	☐ занятие
☐ рано	☐ петь	☐ история
☐ обещание	☐ музыка	☐ язык
☐ ресторан	☐ танцевать	☐ работать
☐ хлеб	☐ певец	☐ завод
☐ заказ	☐ песня	☐ собрание
☐ сыр	☐ зоопарк	☐ договор
☐ счёт	☐ животное	☐ компания
☐ вода	☐ тигр	☐ инженер
☐ молоко	☐ видеть	☐ юрист
☐ торт	☐ волк	☐ повар
☐ сок	☐ слон	☐ журналист
☐ шоколад	☐ медведь	☐ писатель

☑ 1-25개 맞힘　앞으로 돌아가서 다시 공부해 보세요!
☑ 26-50개 맞힘　잘했어요! 좀 더 노력해 볼까요?
☑ 50개 이상 맞힘　아주 잘했어요! 아쉽게 틀린 단어는 꼭 암기해 보세요!

Day 34~36	Day 37~40	Day 41~44
☐ путешествие	☐ ждать	☐ год
☐ страна	☐ деньги	☐ день
☐ город	☐ паспорт	☐ месяц
☐ Москва	☐ аэропорт	☐ март
☐ Корея	☐ чемодан	☐ август
☐ Россия	☐ турист	☐ неделя
☐ Сеул	☐ иностранец	☐ праздник
☐ пикник	☐ музей	☐ среда
☐ гора	☐ касса	☐ понедельник
☐ море	☐ выставка	☐ чувство
☐ река	☐ подарок	☐ дружба
☐ озеро	☐ дарить	☐ скучно
☐ велосипед	☐ дорого	☐ интересно
☐ лес	☐ вино	☐ любовь
☐ автобус	☐ пиво	☐ характер
☐ машина	☐ цифра	☐ добрый
☐ поезд	☐ ноль	☐ умный
☐ трамвай	☐ сто	☐ плохой
☐ транспорт	☐ четыре	☐ грустный
☐ самолёт	☐ десять	☐ смелый

☑ 1-25개 맞힘   앞으로 돌아가서 다시 공부해 보세요!
☑ 26-50개 맞힘   잘했어요! 좀 더 노력해 볼까요?
☑ 50개 이상 맞힘   아주 잘했어요! 아쉽게 틀린 단어는 꼭 암기해 보세요!

PLUS 1 기초 문법 다지기

01 명사의 어미(단수)

남성	여성	중성
-자음 / сто**л**	-а / комнат**а**	-о / окн**о**
-й / музе**й**	-я / песн**я**	-е / мор**е**
-ь / словар**ь**	-ь / тетрад**ь**	-мя / и**мя**

01-1 명사의 어미(복수)

남성	여성	중성
-ы / стол**ы**	-ы / комнат**ы**	-а / окн**а**
-и / музе**и**	-и / песн**и**	-я / мор**я**
-и / словар**и**	-и / тетрад**и**	-мена / и**мена**

02 형용사의 어미

남성	여성	중성	복수
-ый	-ая	-ое	-ые
-ой	-яя	-ее	-ие
-ий			

нов**ый**	нов**ая**	нов**ое**	нов**ые**
больш**ой**	больш**ая**	больш**ое**	больш**ие**
маленьк**ий**	маленьк**ая**	маленьк**ое**	маленьк**ие**
син**ий**	син**яя**	син**ее**	син**ие**

03 인칭대명사의 격변화

주격	생격	여격	대격	조격	전치격
Я	меня	мне	меня	мной	обо мне
Ты	тебя	тебе	тебя	тобой	о тебе
Он	его (у него)	ему	его	им	о нём
Она	её (у неё)	ей	её	ей	о ней
Оно	его	ему	его	им	о нём
Мы	нас	нам	нас	нами	о нас
Вы	вас	вам	вас	вами	о вас
Они	их (у них)	им	их	ими	о них

04 명사의 격변화(단수)

격	의문 대명사	남성		여성		중성
		활동체	비활동체	활동체	비활동체	
주격	Кто Что	студент герой писатель	стол музей словарь	мама тётя дочь	комната песня тетрадь	окно море имя
생격	Кого Чего	студента героя писателя	стола музея словаря	мамы тёти дочери	комнаты песни тетради	окна моря имени
여격	Кому Чему	студенту герою писателю	столу музею словарю	маме тёте дочери	комнате песне тетради	окну морю имени
대격	Кого Что	студента героя писателя	стол музей словарь	маму тётю дочь	комнату песню тетрадь	окно море имя

격	의문대명사	남성		여성		중성
조격	Кем Чем	студент**ом** геро**ем** писател**ем**	стол**ом** музе**ем** словар**ём**	мам**ой** тёт**ей** доч**ерью**	комнат**ой** песн**ей** тетрад**ью**	окн**ом** мор**ем** и**менем**
전치격	О ком О чём	студент**е** геро**е** писател**е**	стол**е** музе**е** словар**е**	мам**е** тёт**е** доч**ери**	комнат**е** песн**е** тетрад**и**	окн**е** мор**е** и**мени**

04-1 명사의 격변화(복수)

격	의문 대명사	남성		여성		중성
		활동체	비활동체	활동체	비활동체	
주격	Кто Что	студент**ы** геро**и** писател**и**	стол**ы** музе**и** словар**и**	мам**а** тёт**и** доч**ери**	комнат**ы** песн**и** тетрад**и**	окн**а** мор**я** и**мена**
생격	Кого Чего	студент**ов** геро**ев** писател**ей**	стол**ов** музе**ев** словар**ей**	мам тёт**ь** доч**ерей**	комнат песен тетрад**ей**	окон мор**ей** и**мён**
여격	Кому Чему	студент**ам** геро**ям** писател**ям**	стол**ам** музе**ям** словар**ям**	мам**ам** тёт**ям** доч**ерям**	комнат**ам** песн**ям** тетрад**ям**	окн**ам** мор**ям** и**менам**
대격	Кого Что	студент**ов** геро**ев** писател**ей**	стол**ы** музе**и** словар**и**	мам тёт**ь** доч**ерей**	комнат**ы** песн**и** тетрад**и**	окн**а** мор**я** и**мена**
조격	Кем Чем	студент**ами** геро**ями** писател**ями**	стол**ами** музе**ями** словар**ями**	мам**ами** тёт**ями** доч**ерями**	комнат**ами** песн**ями** тетрад**ями**	окн**ами** мор**ями** и**менами**
전치격	О ком О чём	студент**ах** геро**ях** писател**ях**	стол**ах** музе**ях** словар**ях**	мам**ах** тёт**ях** доч**ерях**	комнат**ах** песн**ях** тетрад**ях**	окн**ах** мор**ях** и**менах**

05 형용사의 격변화

	남성	여성	중성	복수
주격	новый большой маленький синий	новая большая маленькая синяя	новое большое маленькое синее	новые большие маленькие синие
생격	нового большого маленького синего	новой большой маленькой синей	нового большого маленького синего	новых больших маленьких синих
여격	новому большому маленькому синему	новой большой маленькой синей	новому большому маленькому синему	новым большим маленьким синим
대격	новый/нового большой/ большого маленький/ маленького синий/синего	новую большую маленькую синюю	новое большое маленькое синее	новые/новых большие/ больших маленькие/ маленьких синие/синих
조격	новым большим маленьким синим	новой большой маленькой синей	новым большим маленьким синим	новыми большими маленькими синими
전치격	новом большом маленьком синем	новой большой маленькой синей	новом большом маленьком синем	новых больших маленьких синих

06 1식, 2식 동사 현재형 변화

	1식 동사			2식 동사		
원형	знать	гулять	заниматься	говорить	смотреть	учиться
Я	знаю	гуляю	занимаюсь	говорю	смотрю	учусь
Ты	знаешь	гуляешь	занима-ешься	говоришь	смотришь	учишься
Он(а)	знает	гуляет	занимается	говорит	смотрит	учится
Мы	знаем	гуляем	занимаемся	говорим	смотрим	учимся
Вы	знаете	гуляете	занимаетесь	говорите	смотрите	учитесь
Они	знают	гуляют	занимаются	говорят	смотрят	учатся
명령형	знай(те)	гуляй(те)	занимайся/тесь	говори(те)	смотри(те)	учи(те)сь

06-1 동사의 과거형 변화

	1식 동사			2식 동사		
원형	знать	гулять	заниматься	говорить	смотреть	учиться
Он	знал	гулял	занимался	говорил	смотрел	учился
Она	знала	гуляла	занималась	говорила	смотрела	училась
Оно	знало	гуляло	занималось	говорило	смотрело	училось
Они	знали	гуляли	занимались	говорили	смотрели	учились

06-2 동사의 미래형 변화

원형	불완료상(НСВ)		완료상(СВ)	
	читать	говорить	прочитать	сказать
Я	буду читать	буду говорить	прочита́ю	скажу́
Ты	будешь читать	будешь говорить	прочита́ешь	ска́жешь
Он(а)	будет читать	будет говорить	прочита́ет	ска́жет
Мы	будем читать	будем говорить	прочита́ем	ска́жем
Вы	будете читать	будете говорить	прочита́ете	ска́жете
Они	будут читать	будут говорить	прочита́ют	ска́жут

07 동사의 상

불완료상(НСВ)	완료상(СВ)
사실	결과, 완료된 행위
반복	1회성 행위
과정, 일정 시간 지속	

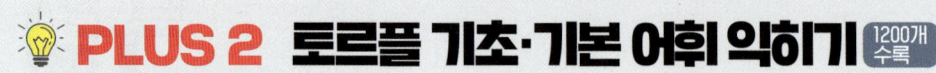

А

август	8월
автобус	버스
автор	작가
администрация	행정·관리 기관
адрес	주소
активный	적극적인, 활동적인
Алло	여보세요
английский	영국(인)의, 영어의
англичанин	영국인(남)
англичанка	영국인(여)
англо-русский	영러의
анкета	설문지
апельсин	오렌지
аппетит	식욕
апрель	4월
аптека	약국
артист	예술가(남)
артистка	예술가(여)
архитектор	건축가
архитектура	건축
аспирант	박사 과정의 대학원생(남)
аспирантка	박사 과정의 대학원생(여)
аспирантура	박사
аудитория	강의실
аэропорт	공항

Б

бабушка	할머니
багаж	수하물, 짐
балет	발레
банк	은행
баскетбол	농구
бассейн	수영장
бедный	가난한
бежать	달리다
без	~없이
бейсбол	야구
белый	하얀
берег	강변, 해안
берёза	자작나무
бесплатный	무료의
библиотека	도서관
бизнес	사업
бизнесмен	사업가
билет	표, 티켓
биография	전기, 이력
биолог	생물학자
биология	생물(학)
бить	치다, 때리다
благодарить	감사하다, 고마워하다
близко	가깝게(다)
блюдо	접시, 요리
бог	신, 하느님
богатый	부유한
болен	아프다
больница	병원
больно	아프게(다)
больной	아픈, 환자
большой	커다란
брат	남자 형제
брать	잡다, 쥐다
будущий	다음의

буква	철자, 글자	ветер	바람
булочная	빵집	вечер	저녁
бумага	종이	вечером	저녁에
бутерброд	샌드위치	вещь	물건
бутылка	병, 유리병	взять	잡다, 쥐다
бывать	종종 방문하다	видео	비디오
быстро	빨리, 빠르다	видеть	보다, 보이다
быстрый	빠른	виза	비자
быть	있다, 되다, 이다	вилка	포크
		вино	와인
		висеть	걸려있다
		включать	켜다
		вкусно	맛있게(다)

В

в; во	~에(서), ~로	вкусный	맛있는
вагон	(열차의) 칸, 객차	вместе	함께
важно	중요하게(다)	вниз	아래로
ваза	꽃병	внимание	주의, 주목
варить	끓이다, 삶다	внимательно	주의 깊게
ваш	당신의, 너희의	внимательный	주의 깊은
вверх	위로	внук	손자
вдруг	갑자기	внучка	손녀
везде	가는 곳 마다	во время	~하는 동안
везти	운송하다, 운반하다	вода	물
век	세기	водить	데려가다, 운전하다
великий	위대한	водка	보드카
верить	믿다	возвращаться	돌아오다(가다)
вернуться	돌아오다(가다)	воздух	공기
весело	기쁘게(다)	возить	운송하다, 운반하다
весенний	봄의	возможно	가능하다, 아마도
весёлый	기쁜	войти	들어가다
весна	봄	вокзал	기차역
весной	봄에	волейбол	배구
весь	모든	волк	늑대

волноваться	걱정하다, 흥분하다	высоко	높게(다)
волосы	머리카락	выставка	전시회
вопрос	문제, 질문	выступать	공연하다, 발표하다
восемнадцать	18	выход	출구
восемь	8	выходить	나오다, 나가다
восемьдесят	80		
восемьсот	800		
воскресенье	일요일		
восток	동쪽		

Г

восточный	동쪽의	газета	신문
восьмой	여덟 번째의	галерея	갤러리
вот	여기, 이것	где	어디에
вперёд	앞으로	географ	지리학자
враг	적	географический	지리(학)의
врач	의사	география	지리(학)
время	시간	герой	영웅, 주인공
всегда	항상	гитара	기타
Всего хорошего	(헤어질 때 인사) 모든 좋은 일이 함께하길	главный	중요한
		глаз	눈
вспоминать	회상하다	глубокий	깊은
вставать	일어나다	глубоко	깊게(다)
встречать	만나다	говорить	말하다
встречаться	~와 만나다	год	해, 년
встреча	만남	голова	머리
вторник	화요일	голос	목소리
второй	두 번째의	голубой	하늘색의
вход	입구	гора	산
входить	들어가다	город	도시
вчера	어제	городской	도시의
вчерашний	어제의	горький	쓴
вы	당신(들), 너희	горячий	뜨거운
выбирать	선택하다, 고르다	господин	~씨, 님(남)
выключать	끄다	госпожа	~씨, 님(여)
высокий	높은		

гостиница	호텔	двое	둘, 두 명
гость	손님	дворец	궁전
государственный	국가의	девочка	소녀
государство	국가	девушка	아가씨
готовить	준비하다, 요리하다	девяносто	90
градус	(온도, 각도 등)도	девятнадцать	19
грамм	그램	девятый	아홉 번째의
граница	국경, 경계선	девять	9
грипп	독감	девятьсот	900
громко	(소리가) 크게(다)	дедушка	할아버지
группа	그룹	декабрь	12월
грустно	슬프게(다)	делать	하다, 만들다
грустный	슬픈	дело	일
грязный	더러운	день	낮, 일(日)
гулять	산책하다, 놀다	деньги	돈
		депутат	의원
		деревня	시골
		дерево	나무
		держать	잡다, 들다

Д

да	네	десятый	열 번째의
Давай(те)	~하자, 합시다!	десять	10
давать	주다	дети	아이들
давно	오래전에	детский	아이의
даже	~까지도, 심지어	детство	어린 시절
далеко	멀리, 멀다	дешёвый	싼, 저렴한
далёкий	먼	дёшево	싸게(다)
дарить	선물하다	диалог	대화
дата	날짜	диван	소파
дача	별장	директор	대표, 감독
два, две	2	длинный	긴
двадцать	20	днём	낮에
двенадцать	12	до	~까지
дверь	문	добрый	좋은, 착한
двести	200		

доволен	만족하다	если	만약
доезжать	도달하다	есть	있다, 먹다
дождь	비	ехать	가다
доказывать	증명하다	ещё	아직, 더
доктор	박사, 의사		
документ	서류		
долго	오랫동안		
должен	해야 한다		

Ё

ёлка	전나무, 크리스마스트리

дом	집
дома	집에
домашний	집의
домой	집으로
домохозяйка	주부
дорога	길
дорого	비싸게(다)
дорогой	비싼
До свидания!	(헤어질 때) 안녕히 가세요(계세요)

Ж

жалко	안타깝게(다)
жаль	아쉽다, 유감스럽다
жарко	덥게(다)
ждать	기다리다
желать	바라다, 소망하다
жена	아내
жениться	장가가다
женский	여자의, 여성의
женщина	여자, 여성
жёлтый	노란, 노란색의
живой	살아 있는
живопись	그림, 회화
животное	동물
жизнь	인생, 삶
житель	주민
жить	살다
журнал	잡지
журналист	기자

дочь	딸
друг	친구(남)
другой	다른
дружба	우정
дружный	다정한
думать	생각하다
душ	샤워
дядя	삼촌, 아저씨

Е

европейский	유럽의
его	그의, 그를
еда	음식
ездить	가다

З

за	~에 대하여, ~동안, ~뒤에, ~하러
забывать	잊다
завод	공장
завтра	내일
завтрак	아침 식사
завтракать	아침 식사하다
задавать	제시하다
задание	숙제, 과제
задача	문제
заказывать	주문하다
заканчивать	끝내다, 마치다
закон	법
закрывать	닫다
замечательный	대단한
замечать	눈치채다, 깨닫다
замужем	기혼이다
заниматься	(공부, 운동, 운영 등)하다
занят	바쁘다
занятие	수업
запад	서쪽
западный	서쪽의
запоминать	기억하다, 외우다
зачем	왜
звать	부르다
звонить	전화하다
здание	건물
здесь	여기(에)
здоровый	건강한
зеркало	거울
зима	겨울
зимний	겨울의
зимой	겨울에
злой	악한
знакомиться	알게 되다, 인사하다
знакомый	아는 사이의, 지인
знать	알다
значение	의미
значить	의미하다
золото	금
золотой	금의
зонт; зонтик	우산
зоопарк	동물원
зритель	관객
зуб	치아

И

и	그리고, ~와(과)
игра	놀이
играть	놀다, (운동 경기를) 하다, (악기를) 연주하다
игрушка	장난감
идти	가다
известный	유명한
изменять	바꾸다
изучать	배우다, 공부하다
имя	이름
инженер	엔지니어
иногда	가끔
иностранец	외국인(남)
иностранка	외국인(여)
иностранный	외국의
институт	(단과)대학교
интересно	재미있게(다)

интересный	재미있는, 흥미로운	килограмм	킬로그램
интересоваться	관심을 가지다, 재미있어하다	километр	킬로미터
		кино	영화
интернет	인터넷	киоск	노점, 가판대
искать	찾다	китаец	중국인(남)
искусство	예술	китайский	중국(인)의
испанец	스페인 사람(남)	китаянка	중국인(여)
испанка	스페인 사람(여)	класс	반, 교실
испанский	스페인의	класть	놓다, 넣다
историк	역사학자	клуб	클럽
исторический	역사의	ключ	열쇠
история	역사, 이야기	книга	책
их	그들의, 그들을	книжный	책의
июль	7월	когда	언제
июнь	6월	колбаса	소시지
		команда	팀
		комедия	희극

К

		комната	방
		композитор	작곡가
к	~에게로, ~쪽으로	компьютер	컴퓨터
кабинет	서재, 사무실	конверт	봉투
каждый	매번	конец	끝, 결말
казаться	~인 듯하다, ~로 보이다	конечно	물론, 당연하게(다)
как	어떻게, ~처럼	конфета	사탕
какой	어떤	концерт	콘서트, 연주회
каникулы	방학	кончать	끝내다
карандаш	연필	кончаться	끝나다
карта	카드, 지도	копейка	코페이카 (러시아 화폐 단위)
картина	그림		
картофель	감자	корабль	배, 선박
касса	매표소, 계산대	коридор	복도
кафе	카페	коричневый	갈색의
каша	까샤(죽)	короткий	짧은
квартира	아파트	космический	우주의

космонавт	우주 비행사	летать	날다
космос	우주	лететь	날다
костюм	정장, 양복	летний	여름의
кот	고양이	лето	여름
который	(관계대명사)	летом	여름에
кофе	커피	лёгкий	쉬운, 가벼운
кошка	고양이	лимон	레몬
красивый	아름운	литература	문학
красный	빨간, 빨간색의	лифт	엘리베이터
кресло	안락의자	лицо	얼굴
кровать	침대	лоб	이마
круглый	둥근	ложка	숟가락
ксерокс	복사, 복사기	луна	달
кто	누구	лучший	더 나은, 좋은
кто-то	누군가	лыжи	스키
куда	어디로	любимый	사랑하는, 아끼는
культура	문화	любить	사랑하다, 좋아하다
купить	사다	любовь	사랑
курить	흡연하다	люди	사람들
курица	닭, 닭고기		
курс	학년		
куртка	점퍼		
кухня	부엌, 음식		

Л

лампа	전등
левый	왼쪽의
лежать	눕다
лекарство	약
лекция	강의
лес	숲
лестница	계단

М

магазин	가게, 상점
магнитофон	카세트 플레이어
май	5월
маленький	작은, 어린
мало	적게(다)
мальчик	소년
мама	엄마
марка	우표, 상표
март	3월
масло	기름
математик	수학자

математика	수학	молодёжь	젊은이, 청년
мать	어머니	молодец	젊은이, 훌륭하다
машина	자동차, 기계	молодой	젊은, 어린
медведь	곰	молодость	젊음
медицина	의학	молоко	우유
медленно	느리게(다), 천천히	молчать	침묵하다
медленный	느린	момент	순간
медсестра	간호사	море	바다
международный	국제의, 국제적인	мороженое	아이스크림
менеджер	매니저	москвич	모스크바 사람(남)
менять	바꾸다	москвичка	모스크바 사람(여)
место	장소	московский	모스크바의
месяц	달, 월	мост	다리
метр	미터	мочь	가능하다, 할 수 있다
метро	지하철	муж	남편
мечта	꿈, 소원	мужской	남자의, 남성의
мечтать	꿈꾸다	мужчина	남자, 남성
мешать	섞다, 방해하다	музей	박물관
милиционер	경찰관	музыка	음악
милиция	경찰	музыкальный	음악의
миллион	백만	музыкант	음악가
минус	빼기	мультфильм	만화영화
минута	분	мы	우리
мир	세계, 평화	мыло	비누
мирный	평화의, 평화로운	мыть	씻다
младший	어린	мысль	생각
многие	많은, 많은 사람들	мягкий	부드러운
много	많게(다)	мясо	고기
модный	유행의	мяч	공
может быть	아마도		
можно	할 수 있다		
мой	나의		
молодёжный	젊은이의		

Н

на	~에(서), ~(으)로, ~동안, ~을(를) 타고
наверное	아마도
надеяться	바라다, 희망하다
надо	해야 한다
назад	뒤로, ~전에
называться	명명되다, 불리다
найти	찾다
наконец	마침내, 결국
налево	왼쪽으로
написать	쓰다
направо	오른쪽으로
например	예를 들면
напротив	반대로, 맞은편에
нарисовать	그리다
народ	민족
народный	민족의
наука	학문, 과학
научиться	배우다, 공부하다
научный	학문의, 과학의
находиться	위치하다, 있다
национальный	민족의, 민족적인
начало	시작, 처음
начинать	시작하다
начинаться	시작되다
наш	우리의
небо	하늘
невозможно	불가능하다
недавно	최근에
недалеко	가까이
неделя	주일, 주
нельзя	~해서는 안 된다, ~할 수 없다
немец	독일인(남)
немецкий	독일(인)의
немка	독일인(여)
несколько	여러, 몇몇
несчастный	불행한
несчастье	불행
нет	아니요, 없다
не только ..., но и ...	~뿐만 아니라 ~도
нигде	아무 데도 ~않는다, 없다
никогда	한번도 ~하지 않는다
никто	아무도
никуда	아무 데도 ~않는다, 없다
ничего	아무것도, 아무것도 ~하지 않는다
но	그러나
новость	소식
новый	새로운
нога	다리, 발
нож	칼
ноль	0
номер	번호, 객실
нормально	괜찮게(다), 보통으로(이다)
нос	코
носки	양말
ночь	밤
ночью	밤에
ноябрь	11월
нравиться	마음에 들다, 좋아하다
нужен	필요하다
нужно	~할 필요가 있다

О

о; об	~에 대해	оно	그것
обед	점심 식사	они	그들
обедать	점심 식사하다	опаздывать	지각하다, 늦다
обещать	약속하다	опасно	위험하게(다)
облако	구름	опера	오페라
образование	교육	операция	수술, 작전
обувь	신발	оптимист	낙천주의자
общежитие	기숙사	опытный	경험 있는, 숙련된
общество	사회	опять	다시
общий	공동의, 전반적인	организовать	조직하다, 설립하다
объявление	공고, 주장	осенний	가을의
объяснять	설명하다, 해명하다	осень	가을의
обыкновенный	평범한, 보통의	осенью	가을에
обычный	보통의	осматривать	훑어보다
обязательно	반드시, 꼭	особенно	특히
овощи	채소	остановка	정류장
овощной	채소의	осторожно	주의하여, 조심스럽게(다)
огромный	거대한	остров	섬
одеваться	입다	от	~(으)로 부터
одежда	옷	ответ	대답, 답변
один, одна, одно	1	отвечать	대답하다, 답변하다
одинаковый	같은, 동일한	отдыхать	쉬다
одиннадцать	11	отдых	휴식
однажды	어느 날, 한번	открывать	열다, 개방하다
озеро	호수	открываться	열리다
оканчивать	마치다, 끝내다	открыт	열려 있다
окно	창문	открытка	엽서
около	옆에, 근처에	откуда	어디로부터
октябрь	10월	отлично	우수하게(다), 훌륭하게(다)
он	그	отсюда	여기서부터
она	그녀	оттуда	거기서부터
		отчество	부칭
		очень	아주, 매우

очки	안경	писатель	작가
ошибка	실수, 잘못	писать	쓰다
		письмо	편지
		пить	마시다

П

		плавать	헤엄치다
		план	계획, 약도
палец	손가락, 발가락	платить	지불하다
пальто	코트, 외투	платье	드레스, 원피스
памятник	기념비, 동상	плащ	트렌치코트, 우비
папа	아빠	плечо	어깨
парк	공원	плохо	나쁘게(다), 못하게(다)
паспорт	여권	плохой	나쁜
певец	가수(남)	площадь	광장
певица	가수(여)	плыть	수영하다, 헤엄치다
пенсионер	연금 수급자(남)	плюс	더하기
пенсионерка	연금 수급자(여)	по	~을(를) 따라서, ~에 관한, ~마다, ~을(를) 통해
пенсия	연금		
первый	첫 번째의		
перевод	통역, 번역, 송금	по-английски	영어로, 영국식으로
переводить	통·번역하다, 송금하다, 데리고 건너가다	победа	승리
		побеждать	승리하다, 이기다
переводчик	통·번역가	побывать	방문하다
перед	~전에	повторять	반복하다, 복습하다
передавать	전달하다, 건네다	погода	날씨
передача	방송	подарок	선물
перерыв	쉬는 시간	поезд	기차
переход	이동	поездка	여행
переходить	건너다	поехать	출발하다
песня	노래	пожалуйста	제발, ~해 주세요
петь	노래하다	поздно	늦게(다)
печенье	쿠키, 과자	поздравлять	축하하다
пешком	걸어서	по-испански	스페인어로, 스페인식으로
пианино	피아노		
пиво	맥주	пойти	출발하다

Пока	(헤어질 때) 안녕
показывать	보여주다
по-китайски	중국어로, 중국식으로
покупать	사다, 구입하다
пол	바닥
поле	들판
полезный	유익한
поликлиника	병원
политика	정치
политический	정치적인, 정치의
полка	선반, 책꽂이
половина; пол	절반
полтора	1.5
получать	받다
помидор	토마토
помнить	기억하다
помогать	돕다
по-моему	내 생각에는
понедельник	월요일
по-немецки	독일어로, 독일식으로
понимать	이해하다
популярный	인기있는, 대중적인
по-русски	러시아어로, 러시아식으로
после	뒤에, 다음에
последний	마지막의, 최근의
посольство	대사관
поступать	입학하다, 들어가다
посылать	보내다, 발송하다
потому что	왜냐하면
по-французски	프랑스어로, 프랑스식으로
почему	왜
почта	우체국
почти	거의
поэзия	시, 운문
поэт	시인
поэтому	그래서
появляться	나타나다, 생기다
правительство	정부
правый	오른쪽의
праздник	명절, 기념일
предмет	사물, 대상, 과목
президент	대통령, 사장
прекрасно	훌륭하게(다)
прекрасный	매우 훌륭한, 매우 아름다운
преподаватель	선생님, 강사(남)
преподавательница	선생님, 강사(여)
преподавать	가르치다
Привет	(만났을 때) 안녕
приглашать	초대하다
приезд	도착
приезжать	도착하다, 오다
пример	예, 예시
природа	자연
приходить	오다
причина	이유, 원인
приятно	즐겁게(다), 유쾌하게(다)
продавать	팔다, 판매하다
продавец	판매원, 상인
продолжать	계속하다
продолжаться	계속되다
продукты	식품
просить	요청하다, 부탁하다
проспект	대로
простой	평범한, 평이한
профессия	직업
профессор	교수

процент	퍼센트	редко	드물게
прошлый	과거의, 지나간	режиссёр	(영화)감독
прямо	똑바로	результат	결과
психолог	심리학자	река	강
психология	심리(학)	религия	종교
птица	새	ресторан	레스토랑
путешествовать	여행하다	решать	결정하다
пятнадцать	15	рис	쌀
пятница	금요일	рисовать	그리다
пятый	다섯 번째의	родина	조국, 고향
пять	5	родители	부모님
пятьдесят	50	родиться	태어나다
пятьсот	500	родной	고향의, 출생의
		рождение	탄생, 출생
		роза	장미
		роль	역할
		роман	소설

Р

работа	일	российский	러시아의
работать	일하다	рот	입
рабочий	일의, 노동의, 노동자	рубашка	셔츠
рад	기쁘다	рубль	루블(러시아 화폐 단위)
радио	라디오	рука	팔, 손
радость	기쁨	русский	러시아(인)의
раз	회, 번	ручка	펜
разговаривать	대화하다	рыба	생선, 물고기
размер	치수, 크기	рынок	시장
разный	다양한, 서로 다른	рядом	나란히, 가까이에
район	지역		
рано	일찍, 이르게(다)		
раньше	예전에, 과거에		
рассказ	이야기, 단편 소설		

С

рассказывать	이야기하다
расти	성장하다
ребёнок	아이, 어린이

с; со	~로부터, ~와(과) 함께, ~부터
сад	정원

садиться	앉다	сестра	여자 형제
салат	샐러드	сигарета	담배
сам	자신, 스스로	сидеть	앉다
самолёт	비행기	сильный	힘센, 강인한
самостоятельно	독립하여, 혼자	симпатичный	매력적인
самый	가장 ~한	синий	파란
сантиметр	센티미터	система	조직, 체계, 방식, 제도
сапоги	부츠	сказка	동화
сахар	설탕	сколько	얼마나
свет	빛, 등불	скоро	곧
светлый	밝은	скрипка	바이올린
свобода	자유	скучно	지루하게(다)
свободный	자유로운	сладкий	단, 단맛의
свой	자신의	слева	왼쪽에
сдавать	(시험) 치다, 임대하다, 돌려주다	следующий	다음의
		словарь	사전
себя	자신을	слово	단어
север	북쪽	случай	경우, 기회, 우연
северный	북쪽의	случаться	(사건) 일어나다
сегодня	오늘	слушать	듣다
седьмой	일곱 번째의	слышать	들리다
сейчас	지금, 요즘	смелый	용감한, 대담한
секретарь	비서	смерть	죽음
секунда	초	смешной	우스운
семнадцать	17	смеяться	웃다
семь	7	смотреть	보다
семьдесят	70	сначала	처음에, 먼저
семьсот	700	снег	눈(雪)
семья	가족	снова	다시, 새롭게
сентябрь	9월	собака	개
сердце	심장, 마음	собирать	모으다, 준비하다
серый	회색의	собор	사원
серьёзно	심각하게(다)	собрание	회의, 모임
серьёзный	진지한, 심각한		

совет	충고, 조언	стена	벽
советовать	충고하다, 조언하다	стихи	시(詩)
современный	현대의	стоить	가치가 있다, ~의 값이다
согласен	동의하다	стол	식탁, 책상, 테이블
сок	주스, 과즙	столица	수도
солнце	해, 태양	столовая	식당
соль	소금	стоять	서 있다
сообщать	알리다, 연락하다	страна	나라
сообщение	연락	страница	쪽, 페이지
сорок	40	строитель	건축가
сосед	이웃(남)	строительный	건설의, 건축의
соседка	이웃(여)	строить	건설하다
соседний	이웃의	студент	대학생(남)
Спасибо	고맙습니다	студентка	대학생(여)
спать	자다	студенческий	학생의
специалист	전문가	стул	의자
специальность	전공	суббота	토요일
спокойно	편안하게(다)	сувенир	기념품
спокойный	평온한, 편안한	сумка	가방
спорт	운동	сутки	하루
спортивный	스포츠의	счастливый	행복한
спортсмен	운동선수(남)	счастье	행복
справа	오른쪽에	сын	아들
спрашивать	묻다, 질문하다	сыр	치즈
сразу	바로, 즉시	сюда	여기로
среда	수요일		
средний	중간의		
стадион	경기장	**Т**	
стакан	유리컵		
станция	역	так	이렇게, 그렇게
старость	노년	так как	왜냐하면
старший	손위의, 연장자의	также	역시
старый	늙은, 오래된	такой	그러한
		такси	택시

талант	재능	трамвай	전차, 트램
талантливый	재능 있는	транспорт	교통
там	거기	тратить	쓰다, 소비하다
танец	춤	третий	세 번째의
танцевать	춤추다	три	3
тарелка	접시	тридцать	30
твёрдый	단단한, 딱딱한	тринадцать	13
твой	너의	триста	300
театр	극장	троллейбус	트롤리버스
текст	텍스트, 글	трудно	어렵게(다), 힘들게(다)
телевизор	텔레비전	трудный	어려운, 힘든
телеграмма	전보	туда	거기로
телефон	전화기	турист	관광객
температура	온도, 체온	тут	여기(에)
теннис	테니스	туфли	구두
теперь	이제, 지금	ты	너
тепло	따뜻하게(다)	тысяча	1000
тетрадь	공책	тяжёлый	무거운, 힘든
техника	기술		
технический	기술의, 기술적인		
тёмный	어두운		
тёплый	따뜻한		
тётя	이모, 고모, 아주머니	у	~근처에, ~에게
тихо	조용하게(다)	убивать	죽이다
товарищ	동료	уважать	존경하다, 존중하다
тогда	그때	уважаемый	존경하는
то есть	즉	ударение	강세
тоже	또한, 역시	удивительный	놀라운, 환상적인
только	~만, 겨우	удобный	편안한
торт	케이크	удовольствие	희열, 쾌락
тот	그, 저	уезжать	떠나다
точка	점, 마침표	уже	벌써, 이미
точно	정확하게(다)	ужин	저녁 식사
		ужинать	저녁 식사하다

У

узкий	좁은	фамилия	성
улица	거리	февраль	2월
улыбаться	미소 짓다, 웃다	фермер	농부
уметь	할 줄 알다, 할 수 있다	физик	물리학자
умирать	죽다	физика	물리(학)
умный	똑똑한, 영리한	физический	물리학의, 육체의
универмаг	백화점	филолог	어문학자
университет	대학교	филологический	어문학의
университетский	대학(교)의	филология	어문학
упражнение	연습 문제	философ	철학자
урок	수업, 과	философия	철학
успех	성공	философский	철학의, 철학적인
уставать	피곤하다	фильм	영화
утро	아침	фирма	회사
утром	아침에	флешка	USB
ухо	귀	фонтан	분수
уходить	떠나다	фотоаппарат	카메라
участвовать	참석하다, 참여하다	фотографировать	사진 찍다
учебник	교과서	фотография	사진
учебный	학업의, 교과서의	фраза	구문
ученик	남학생	француженка	프랑스인(여)
ученица	여학생	француз	프랑스인(남)
учёный	학자	французский	프랑스(인)의
учитель	선생님(남)	французско-русский	프랑스-러시아의
учительница	선생님(여)	фрукты	과일
учить	학습하다, 가르치다	футбол	축구
учиться	공부하다, 배우다	футболист	축구 선수

Ф

фабрика	공장		
факс	팩스		
факультет	학부		

X

характер	성격, 특징
химик	화학자
химический	화학의, 화학적인

химия	화학
хлеб	빵
хобби	취미
ходить	가다, 다니다
хозяин	주인(남)
хозяйка	주인(여)
хоккеист	하키 선수
хоккей	하키
холодно	춥게(다)
холодный	추운
хороший	좋은, 착한
хорошо	좋게(다)
хотеть	원하다
художник	화가

Ц

царь	황제, 차르
цвет	색깔
цветной	여러 색의, 색이 있는
цветы	꽃
целовать	키스하다
целый	전체의
цена	가격, 값
центр	중심, 시내
центральный	중심의, 시내의
цирк	서커스
цифра	숫자

Ч

чай	차(茶)
чайник	주전자
час	시, 1시간
часто	자주
часть	부분
часы	시계
чашка	찻잔
чей	누구의
человек	사람
чем	~보다
чемпион	챔피언
через	~을(를) 통해, 지나서
честный	정직한, 솔직한
четверг	목요일
четвёртый	네 번째의
четыре	4
четыреста	400
четырнадцать	14
чёрный	검은(색)의
число	숫자, 날짜
чистый	깨끗한
читальный	열람의
читатель	독자
читать	읽다
чтение	독해, 읽기
что	무엇
чтобы	~을(를) 위해서
чувствовать	느끼다

Ш

шапка	모자
шарф	목도리, 스카프
шахматист	체스 선수
шахматы	체스
шестой	여섯 번째의
шестнадцать	16
шесть	6
шестьдесят	60
шестьсот	600
широкий	넓은
шкаф	옷장, 책상
школа	초·중·고등학교
школьник	학생(남)
школьница	학생(여)
шоколад	초콜릿
шуметь	시끄럽게 하다
шутить	농담하다
шутка	농담

Щ

щи	쉬(수프)

Э

экзамен	시험
экономика	경제(학)
экономист	경제학자
экономический	경제의
экскурсия	견학, 소풍
экскурсовод	안내원, 가이드
энергичный	활기있는
энергия	에너지
этаж	층
это	이것, 이 사람
этот	이

Ю

юбка	치마
юг	남쪽
южный	남쪽의
юмор	유머
юность	젊은 시절
юноша	젊은이
юридический	법률(상)의
юрист	법률가

Я

я	나
яблоко	사과
являться	~이다, 나타나다
ягода	열매
язык	언어, 혀
яйцо	달걀
январь	1월
яркий	밝은, 빛나는

강의 소개 — 시원스쿨 러시아어 커리큘럼

러시아어 '러'자도 모른다면 필수!
알파벳부터 차근차근
쉽고 재미있게 공부하자!

복잡한 군더더기 설명 NO!
깔끔 명쾌한 강의!
단기간에 확실히 기초를 다지자!

	왕초보, 입문 (~6개월)	기초 (6개월~9개월)
왕초보	New 왕초보 탈출 1탄	러시아인처럼 말하기 – 억양편
	New 왕초보 탈출 2탄	
	러시아인처럼 말하기 – 발음편	
어휘	러시아어 기초 어휘 1탄	러시아어 기초 어휘 2탄
문법		러시아어 왕초보 문법
		GO! 독학 러시아어 문법
작문	러시아어 작문 첫걸음	
회화		러시아어 회화 첫걸음
		원어민에게 배우는 러시아어 기초회화
	여행 러시아어	
독해	러시아어 독해 첫걸음	
스크린		
TORFL		
FLEX		
OPIc		

시원스쿨 러시아어 홈페이지에서 (russia.siwonschool.com) 다양한 러시아어 강좌를 만나보세요!

이제는 실전이다!
풍부한 표현력으로 자신감도 up!

시험까지 도전해 보자!
확실하게 배우고 이해해 보자!

중급 (9개월~1년)

고급 (1년 이상)

| 러시아어 핵심 문법 | 러시아어 중·고급 문법 |
| GO! 독학 러시아어 문법 | 러시아어 동사 마스터 |

| 실전 러시아어 회화 | 하루 25분 러시아어 원어민 표현 |
| 러시아어 꿀! 패턴 | |

동화로 배우는 러시아어	
	영화로 배우는 러시아어 〈스페이스 워커〉
토르플 기초/기본 – 어휘·문법	토르플 1단계 – 어휘·문법	토르플 2단계 – 어휘·문법
토르플 기초/기본 – 읽기	토르플 1단계 – 읽기	토르플 2단계 – 읽기
토르플 기초/기본 – 듣기	토르플 1단계 – 듣기	토르플 2단계 – 듣기
토르플 기초/기본 – 쓰기	토르플 1단계 – 쓰기	토르플 2단계 – 쓰기
토르플 기초/기본 – 말하기	토르플 1단계 - 말하기	토르플 2단계 – 말하기
FLEX 러시아어
OPIc 러시아어 IM

시원스쿨닷컴